Ewa Rozkrut

Jak przetrwać, gdy dzieci chodzą do szkoły?

Ewa Rozkrut

Jak przetrwać, gdy dzieci chodzą do szkoły?

Poradnik dla rodziców

Wydawnictwo Ziarno Wiary

Impressum / Imprint
Bibliografische Information der Deutschen Nationalbibliothek: Die Deutsche Nationalbibliothek verzeichnet diese Publikation in der Deutschen Nationalbibliografie; detaillierte bibliografische Daten sind im Internet über http://dnb.d-nb.de abrufbar.

Informacja bibliograficzna Niemieckiej Biblioteki Narodowej: Niemiecka Biblioteka Narodowa rejestruje tę publikację w Niemieckiej Bibliografii Narodowej; szczegółowe informacje bibliograficzne dostępne są w Internecie na stronie http://dnb.d-nb.de.

Coverbild / Okładka: www.ingimage.com

Verlag / Wydawnictwo:
Wydawnictwo Ziarno Wiary
ist ein Imprint der / jest znakiem handlowym
OmniScriptum GmbH & Co. KG
Heinrich-Böcking-Str. 6-8, 66121 Saarbrücken, Deutschland / Niemcy
Email: info@ziarnowiary.com

Herstellung: siehe letzte Seite /
Druk: patrz ostatnia strona
ISBN: 978-3-639-64793-8

Spis treści

Wstęp

Ostatni dzień października w tym roku był naprawdę piękny. Eliza przyjechała po mnie o wpół do czwartej, otworzyła drzwi i wystarczyło, że spojrzała... Uśmiechnęłyśmy się do siebie i bardzo podekscytowane ruszyłyśmy w drogę. Obie wiedziałyśmy jakie marzenie będziemy za kilka minut realizować. Przez całą drogę niemal jednocześnie mówiłyśmy, śmiałyśmy się i piszczałyśmy. Dojechałyśmy na miejsce, samochód pozostawiłyśmy na skraju lasu. Wypiłyśmy jakiś syrop rozgrzewający, zabrałyśmy plecaki i pobiegłyśmy dookoła jeziora. Trasę znałyśmy doskonale, nie była zbyt długa, jakieś pięć kilometrów. Pogoda nam sprzyjała, było bezwietrznie i naprawdę spokojnie. Na drzewach wisiały jeszcze nieliczne liście w różnych kolorach: żółtym, złotym, brązowym gdzieniegdzie można było dojrzeć też czerwone i zielone. Kocham las a jesienny w szczególności. Na Głębokim (bo tak nazywa się jezioro) panowała cisza.

- Czyżbyśmy były same? - pomyślałam - nie, niemożliwe na pewno są jacyś wędkarze, albo biegacze.

Najpierw zamierzałyśmy obiec jezioro i dopiero później dotrzeć do miejsca, które nam się na początku wydawało najodpowiedniejsze. Takie z lewej strony, blisko plaży. Ale musiałyśmy zrewidować plany, gdyż właśnie tam ktoś palił ognisko, inny wędkował.

- Nie, musimy być same - zgodziłyśmy się. Ale zanim ruszyłyśmy w dalszą drogę, Eliza sprawdziła wodę,

- Ciepła - zakrzyknęła. A ja oczekiwałam takiej informacji.

Biegłyśmy szybciej niż zwykle, zgodnie z założeniem, by dobrze się rozgrzać, ale bardziej by nie myśleć o tym co nieuchronnie miało nastąpić. Mijali nas biegacze, rowerzyści, ktoś stał na mostku z wędką, nie zauważyłam, czy łapał ryby, czy tylko patrzył przed siebie. W końcu dotarłyśmy do innego miejsca. Równie pięknego, a może nawet piękniejszego. Dziką plażę otaczały brzozy, brzeg porastał tatarak, w oddali pływały kaczki. Znajdowały się też paleniska, ławki, no i bezpieczne zejście do jeziora. A przede wszystkim nikogo oprócz nas tam nie było. Spojrzałyśmy na siebie, wiedziałyśmy, że nic i nikt nie powstrzyma nas przed zrealizowaniem marzenia. Ściągnęłyśmy sportowe ubrania, założyłyśmy czapki i rękawiczki. Jeszcze krótka gimnastyka i nieco zatrwożone z piskiem, śmiechem weszłyśmy do wody. Najpierw nieśmiało, trzymając się za ręce, pokonywałyśmy kolejne metry i doszłyśmy do miejsca, gdzie woda sięgała nam do pasa. Zanurzyłyśmy się śmiejąc się i śpiewając. Machałyśmy do wędkarzy na drugim brzegu jeziora. Wychodziłyśmy już, ale sprawdziłam czas – minęło dopiero 30 sekund chociaż wydawało się nam, że o wiele więcej. Zawróciłyśmy i znowu zanurzyłyśmy do ramion. Nie mogłyśmy nacieszyć się jesiennym jeziorem. Czułyśmy się z nim zjednoczone. W końcu wybiegłyśmy na brzeg. Coś niesłychanego, nie było nam zimno, nic też nie bolało. Chyba przybyło nam siły a na pewno energii. Czułam się wspaniale, obie się tak czułyśmy. Pobiegłyśmy do auta zachwycone i zachwycające; jak w euforii. Szczęśliwe i zaszczepiające szczęście każdej mijanej istocie. Uśmiech nas nie opuszczał. Miałyśmy wrażenie, że jesteśmy w stanie pokonać każdą przeszkodę, rozwiązać każdy problem.

Byłam przekonana, że nic mnie nie zatrzyma a przede wszystkim ja siebie sama nie zatrzymam. Życie moje na pewno zmieniło...

I. Krok po kroku, jak przetrwać by nie oszaleć, tylko skorzystać

Właśnie budził się piękny wrześniowy dzień, słońce zaglądało przez okno do pokoju rozświetlając pomarańczową zasłonkę. Jasne promienie połaskotały policzki śpiącego jeszcze chłopca, który w tym dniu miał po raz pierwszy przestąpić próg szkoły. Na krześle leżały poskładane ubrania, wyprasowana biała koszula wisiała na wieszaku a obok niej garniturek. Do pokoju weszła mama i delikatnie obudziła syna.

– Wstawaj, już czas na śniadanie. A później idziemy na rozpoczęcie roku szkolnego – powiedziała. Synek natychmiast poderwał się z łóżka.

Tak rozpoczął się nowy etap w jego życiu. W wielu domach pierwszy dzień szkoły wygląda podobnie. Niby nie dzieje się nic niezwykłego, ale pierwszy szkolny dzwonek zapoczątkował zmiany w życiu wszystkich domowników. Nawet jeśli nie zdają sobie z tego sprawy.

Gdy mój pierworodny syn rozpoczynał edukację, to nie spodziewałam się jak bardzo odmieni się nasze życie. Na początku wydawało mi się, że dojdą jedynie nowe obowiązki, czyli odprowadzanie do szkoły, pomoc podczas odrabiania lekcji, uczestniczenie co jakiś czas w wywiadówkach, zapewnienie bezpieczeństwa oraz odpowiednich funduszy na zakup podręczników i przyborów szkolnych, plus kilka pomniejszych. Ale szybko przekonałam się o tym, że moje wyobrażenia nie były kompletne. Życie przyniosło wiele wyzwań, przeciwności, trosk a jednocześnie zadowolenia, szczęścia i radości. To wymagało ode mnie sporej odporności i rozwagi a nade wszystko kondycji zarówno fizycznej jak i psychicznej. Nie chciałam ani ulegać skrajnym emocjom, ani też przekazywać ich dzieciom.

W związku z tym, że jestem mamą sześciorga dzieci, to łączny czas przebywania ich w szkołach na różnych poziomach wynosi ponad dwadzieścia lat, dodam, że wciąż trwa. Wliczając do tego własną edukację, więc czas przeznaczony na kształcenie zajmuje dość rozległy okres w moim życiu.

Bez względu na liczbę uczących się w domu, zmiany jakie wtedy następują są niewyobrażalne. I naprawdę nie ma znaczenia, czy uczy się jedno czy więcej dzieci, życie rodzinne zostaje przeorganizowane. Transformacje występują podobne niezależnie od poziomu szkoły do jakiej uczęszczają pociechy, podstawowej, gimnazjum, czy średniej. Dzieci rosną, dojrzewają, hormony zaczynają działać a właściwie robią z młodymi ludźmi cokolwiek chcą. Rodzice różnie reagują na te nowości, w łagodniejszym wydaniu trochę ze zdziwieniem a trochę z nerwowością. Wpadają w wir codzienności, obowiązków i nie są w stanie dokładnie przyjrzeć się różnym sprawom. Z reguły popełniają te same błędy. I chociaż niejednokrotnie wydaje się, że jest wszystko w porządku, to wcale tak nie musi być. Na szczęście można uratować ten czas, są na to sposoby, by spokojnie i w harmonii go przeżyć i dobrze wspominać w przyszłości.

Od wielu lat towarzyszę dzieciom w ich edukacji. Chętnie podzielę się moimi doświadczeniami i obserwacjami z tego okresu. Wypracowałam pewien schemat, który sprowadziłam do kilku etapów. Zaproponowałam parę kroków, które ułatwią przejście przez interesujący nas etap w dobrym stylu. Oczywiście nie oszczędzą one trosk, czy kłopotów, ale może uratują przed zaginięciem w labiryncie codzienności.

Na początku chcę zapytać o szczęście. Czy czujesz się szczęśliwy? Czy wstając rano jesteś w stanie uśmiechać się do siebie i do najbliższych, do nadchodzącego dnia? Czy podoba Ci się osoba, na którą spoglądasz w lustrze, czy ją lubisz? Szczęście to stan, do którego każdy dąży. Nawet jeśli nie zdaje sobie z tego sprawy. Poniekąd wiąże się z akceptacją samego siebie, zgodą na własne wady i zalety. O szczęście trzeba zabiegać, by wypełnić nim swoje życie, każdy dzień. Właśnie w tym czasie, gdy człowiek osiągnął dojrzałość, jest odpowiedzialny za innych, powinien choć trochę czasu poświęcić na rozważnie tej kwestii. Zatem na starcie – zapytanie o szczęście.

Kolejnym krokiem jest pytanie o tożsamość. Kim jestem? Nie można rozpocząć jakichkolwiek zmian egzystencjalnych bez wyjaśnienia tego problemu. Niech nie przeraża jego filozoficzny charakter. Damy radę. Każdy jest po trochę filozofem. W tym może pomóc odkrycie tej roli społecznej, która dominuje. Ale ta rewelacja nie raz zaskakuje, bowiem może nie pokrywać się z wcześniejszymi wyobrażeniami. Na szczęście zmiany po modyfikacji mogą okazać się niezwykle porządkujące funkcjonowanie w domu. Dlatego niezbędne jest zastanowienie się, czy bardziej się czuję matką, czy córką; czy bardziej żoną, czy kobietą; czy bardziej pracownikiem - zapewniającym rodzinie byt, czy ojcem. To pokaże w co angażujemy największy wysiłek. A jeśli chcielibyśmy zmiany, to przewartościowanie własnych postaw może okazać się bardzo prostym rozwiązaniem.

Następny etap, to uporządkowanie relacji z innymi ludźmi, tymi bliskimi i obcymi, spotykanymi w szkole, pracy, na ulicy. Gdy dziecko rozpoczyna edukację to do w miarę uporządkowanego życia dochodzą relacje, których wcześniej wcale nie planowaliśmy i nawet nie muszą się nam podobać a mimo to musimy w nich trwać. Mam na myśli kontakty ze szkołą, z rodzicami innych uczniów, z kolegami dzieci. W związku z dorastaniem potomstwa, autorytet rodziców ulega zmianie. I nie zawsze musi się nam to podobać. Uważam, iż poznanie różnych zależności niewątpliwie ograniczy błędy i zmniejszy niepokój. Pozyskana wiedza pozwoli się przygotować na niespodzianki, albo zastosować odpowiednią metodę na nieprzewidziane kłopoty. Z pewnością napięcie nerwowe nie przybierze wówczas górnych wartości.

Kolejny krok polega na zmierzeniu się z wszelkimi lękami, czyli tym co spędza sen z powiek. Niepokój towarzyszy rodzicom nieustannie. Jednakże nie wszystkie obawy trzeba od razu stawiać na tym samym poziomie. Niektóre z nich są niebezpieczne, choćby zagrożenie zdrowia i życia a inne mają zdecydowanie mniejszy kaliber. Do takich zaliczę niedostateczną ocenę z matematyki, nawet na semestr. Zdarza się, iż zarówno pierwszą jak i drugą stawia się na tym samym poziomie i martwi się tak samo mocno, pomimo nieracjonalności takiego zachowania. Dlatego posegregujemy lęki, zaręczam, że ich uporządkowanie poprowadzi rodzinę zupełnie inną drogą. Niektóre zbagatelizujemy, inne porzucimy a wybrane może uda się oswoić.

Na końcu proponuję garść sposobów jak sobie poradzić w tym czasie, by w miarę spokojnie przeżyć i cieszyć się dobrym zdrowiem psychicznym, radością życia, entuzjazmem a przynajmniej spokojem.

Czas uczęszczania dzieci do szkoły przypomina rodzicom ich młode lata. I choć wspomnienia nie zawsze są dobre, to i tak dotykają młodości. Młodości, tego niesamowitego okresu pełnego marzeń i ideałów. Warto do niego powrócić a może uda się zrealizować niektóre z nich.

II. Odrobina szczęścia nam się należy

Chyba każdy pamięta nieopisane szczęście towarzyszące pierwszemu pocałunkowi, albo narodzinom dziecka. Chwile te można zaliczyć do mistycznych a uczucia z nimi związane: nieopisana błogość, radość, euforia, przyjemność zachowujemy w pamięci przez całe życie.

Wydaje się wtedy, że świat należy do nas i wszystko co zamierzymy z pewnością uda się zrealizować. Do nieprzebranych wręcz rozmiarów wzrasta pewność i akceptacja siebie, także niezależność, kreatywność, duchowość, poczucie humoru. Ludzie szczęśliwi lubią innych ludzi, nie żyją w stereotypach, są spontaniczni i otwarci na świat. Właściwie każdy chciałby posiadać choćby kilka z wymienionych cech. Szczęśliwym ludziom się po prostu zazdrości. Jednocześnie wydaje się, że podarowane ono zostało wybrańcom. Nie zgadzam się z takim sposobem myślenia. Uważam, że każdy może osiągnąć szczęście. I bez względu na poziom zadowolenia z fortuny, to i tak opłaca się o nie powalczyć. Droga do osiągnięcia celu wcale nie musi być długa i kręta, jednak wymagać będzie zaangażowania oraz zmian w sferze wewnętrznej i zewnętrznej. Proponuję prosty schemat poprawy stopnia zadowolenia z dotychczasowej pomyślności.

Po pierwsze, trzeba określić poziom szczęścia w swoim życiu.

Tak, najpierw trzeba ustalić stan szczęścia, ocenić od czego dotychczas zależało. Jeśli wyłącznie od pojedynczych sytuacji, to raczej nie przyniosło zbyt dużo pomyślnych chwil w życiu. Ale jeśli dbaliśmy o nie sukcesywnie, to z pewnością zgromadziliśmy ich sporo a to sprzyja pogodnemu nastawieniu do świata. Natomiast świat bez wątpienia odwdzięcza się tym samym.

Po drugie, trzeba poskromić mity o życiu w rodzinie. Oto kilka najbardziej popularnych.

1. Kobieta idealna i mężczyzna bez wad, czyli przerysowany wizerunek

Życie przemija w codzienności. Upływają dni, tygodnie, lata... Dobrze jeśli nie stają się one podobne do siebie. Zwyczajne życie posiada dużą moc i może zawładnąć rodziną zmieniając ją do tego stopnia, że niekiedy nie można już ze sobą wytrzymać. Dzieci rosną, zaczynają uczęszczać do szkoły. Wówczas na rodziców spadają nowe obowiązki. Niektórzy bardzo angażują się w naukę dzieci; systematycznie odrabiają z nimi lekcje, w razie absencji dowiadują się co było zadane, martwią się z powodu słabszych cenzurek, zapisują pociechy na różnorodne kursy: czy to języków obcych, czy zajęcia sportowe, organizują korepetycje... Wymieniać można bez liku. W zasadzie życie własne da się ograniczyć do schematu, praca zawodowa (o ile się ją posiada) oraz zajęcia domowe, które też kręcą się wokół dzieci. A mianowicie: pranie, prasowanie, sprzątanie, przygotowywanie posiłków, dbanie o zdrowie i organizowanie opieki dla dzieci. Dorosły nie ma już dla siebie czasu, albo raczej nie potrafi go sobie wygospodarować. Do tego dochodzi wzór idealnego człowieka lansowany przez świat, któremu trudno sprostać, nawet bez realizowania wcześniej wymienionych zadań. A polega on na tym, iż kreuje kobietę na: wyzwoloną, dążącą do sukcesu zawodowego, zawsze elegancką, ładną, inteligentną, aktywną a różnych polach a przy okazji podsycającą płomień domowego ogniska, o ile takie posiada. Zawsze gotową na seks, rozwijającą własne zainteresowania, z pasją wychowującą dzieci, obdarzoną niewyczerpanymi pokładami cierpliwości.

Prezentowany wzorzec mężczyzny jest równie niesamowity. Wymienię choćby kilka wymogów, którym muszą sprostać panowie: elegancki, wysportowany z dobrym samochodem, tytan pracy, spełniający oczekiwania kobiety, dobry ojciec, wyrozumiały i cierpliwy, umie też w razie potrzeby zapleść córce warkocza do szkoły a z synem zagrać w koszykówkę. Doskonale odnajduje się również w obowiązkach domowych, czyli ugotuje i wypierze a przy okazji nie pomyli kolorów wkładając ubrania do pralki.

Sugeruję, by zbytnio nie przejmować się takim wizerunkiem. Mam wrażenie, że spreparowano go wyłącznie na potrzeby medialne i w zasadzie można go schować między bajki. Wszystkiego przecież nie da się pogodzić. Jeśli w porę nie zapanujemy nad dążeniem do doskonałości, to nawet nie zorientujemy się, kiedy z uroczych rodziców zamienimy się w huczących, wiecznie niezadowolonych a może nawet uciekających się do przemocy tetryków.

2. Dobra mama i tata, zawsze są do dyspozycji dziecka

Żyjąc wyłącznie dla dzieci wypalamy się i wpadamy w otchłań chaosu. A w ten sposób nie sprostamy wyzwaniom dnia codziennego. Co najwyżej możemy starać się przetrwać, przemęczyć się. A przecież nie o to chodzi. Dobry rodzic wcale nie poświęca dzieciom całego wolnego czasu. Nie wyobrażam sobie, być do ich dyspozycji na każde zawołanie oraz zawsze gdy tego chcą. Poziom uwagi rodziców poświęcanej pociechom zależy od ich wieku. Z biegiem lat powinno się ją dawkować, co jest korzystne dla wszystkich. Zdecydowanie lepiej uczyć maluchy, że tata i mama mają również inne sprawy i ze swoją trzeba trochę poczekać. Ponadto dzieci powinny niektóre problemy rozwiązywać samodzielnie. W przeciwnym razie nie nauczą się podejmowania decyzji, zaś o samodzielności tylko pomarzą. Koniecznie trzeba przystopować i zmienić metody wychowawcze, w przeciwnym razie dzieci bardzo długo mogą trwać w przekonaniu, że świat krąży wokół nich a nie wokół słońca. Na nic się zdadzą odkrycia Kopernika.

3. Szybko, szybko i szybciej, czyli życie w pośpiechu

Nieustanna pogoń, by ze wszystkim zdążyć, jest symptomem naszych czasów. Poprzez szybkie przekazywanie informacji, Internet, telefon oraz inne nowinki techniczne, możliwość penetracji kosmosu i morskich głębin sprawia, że wszystko wydaje się bliskie, wręcz w zasięgu ręki. Ta świadomość prowokuje do przyspieszenia tempa życia. Z reguły nie kontroluje się zwiększenia własnej prędkości, ani przenoszenia jej na innych domowników. Dzieje się to bezwiednie. Ale jakie stworzenie to wytrzyma? A do tego dochodzi stres, cichy zabójca, który niszczy organizm. Swoje oblicze ujawnia wtedy, gdy jest za późno i zdrowie zostaje mocno nadszarpnięte. Dlatego zachęcam do rozważnego korzystania z wszelkich przyspieszeń. Pomogą wspomnienia własne, albo nestora rodu, o tym kiedy trzeba było poświęcić o wiele więcej czasu, choćby po to, by skontaktować się z kimś. A dziś wysyła się list elektroniczny i od razu adresat go otrzymuje. Natomiast dzwoniąc przez odpowiedni komunikator można nie tylko rozmawiać z bliskim przebywającym na drugim końcu świata, ale też zobaczyć się.

4. Nieustanne zmartwienia...

W codziennym życiu dominują wszelkiego rodzaju lęki i te wyimaginowane, i racjonalne. Bez względu na ich kaliber są traktowane jakby miały taką samą rangę, zazwyczaj dużą. Nie dość, że dorośli zatrważają się do niebotycznych rozmiarów, nakręcają się nimi, to przekazują owe strachy dzieciom. Oczywiście, czasem świadomie wzbudza się trwogę u dzieci, by uczulić je na różnego rodzaju niebezpieczeństwo, aby bardziej na siebie uważały. Choć wydaje mi się, iż ta metoda pozostawia wiele do życzenia i lepiej nie nadużywać jej. Ale też nieświadomie przelewamy własne obawy i nie mamy kontroli na ich wpływ na młode pokolenie. Po prostu, gdy coś nas szczególnie niepokoi, to lepiej nie rozprawiać o tym w domu przy nieletnich słuchaczach. Koniecznie trzeba zdawać sobie sprawę, że ich system nerwowy jest mniej odporny od naszego, mniej dojrzały. Przez wprowadzanie atmosfery zagrożenia, przenoszenie złych emocji, pogarsza się aura w rodzinie. Zaczynają się sprzeczki, zaczepki, zamykanie się w pokoju. I nie wiadomo kiedy domownicy uciekają z takiego domu pod jakimkolwiek pretekstem. Zarówno dzieci jak i rodzice nieświadomie znajdują sobie zajęcia gdzie indziej. Później już nikt nie szuka sztucznego wyjaśnienia.

5. Trzeba dużo zarabiać, by wystarczyło na wszystko

W dzisiejszych czasach łatwo stracić pracę a życie drogo kosztuje. Skoro zakłada się rodzinę, to należy zapewnić środki na zaspokojenie choćby podstawowych potrzeb: jedzenie, leki, opłaty. A to kosztuje. Nie ma wyjścia, trzeba zarabiać. W pracę angażuje się dużo czasu i energii, zmniejszając tym samym kontakt z ukochanymi osobami. Jeśli straci się kontrolę nad tymi relacjami, to niestety rodzic stanie się głównie dostawcą pieniędzy, czyli bankomatem. Dzieciom trudno rozmawia się ze zmęczonym tatą, odpoczywającym po pracy. Po nieudanych próbach w końcu przestają się zwierzać się. Na szczęście wcale nie musi się tak skończyć. Wystarczy wygospodarować jakiś wycinek czasu na rozmowę, następnie maksymalnie skoncentrować się na niej i na drugiej osobie. Jeśli poświęcona uwaga będzie maksymalna, to efekt również taki będzie. Można też wybrać się razem na wycieczkę, lub coś wspólnie zrobić. Albo zaprosić żonę na kolację przy świecach, by mogła założyć nową, piękną sukienkę.

Po trzecie, każdy ma prawo do szczęścia.

Zarysowałam jedynie kilka problemów, ponieważ moim założeniem jest świadome ukierunkowanie życia na szczęście udzielające się innym a nie podawanie rozwiązań wychowawczych. Chyba każdy marzy o domu, w którym słychać śmiech i rozchodzi się zapach ciasta. W takim domu bez obawy opowiada się o kłopotach i wspólnie poszukuje ich rozwiązania, dzieli pasje i wspiera w obowiązkach. Właśnie tam można mieć marzenia i sposobność, by je realizować. Szczęście można wykuć przez możliwość bycia docenionym i zauważonym, poważnie traktowanym, zaakceptowanym bez zastrzeżeń, bez modelowania, albo systemowego zmieniania przez innych. Szczęśliwy człowiek to ten, który mocno kocha i jest kochany. A w małżeństwie mimo upływu lat ciągle jest się dla siebie atrakcyjnym.

Właśnie do takiego szczęścia każdy ma prawo. Być może trzeba będzie trochę zawalczyć, postarać się, być może przeorganizować życie domowe a z pewnością nakłonić do wysiłku współdomowników. I do tego zachęcam.

Po czwarte, trzeba mieć wiarę, marzenia, pasje i przyjaciół.

Szczęście dla każdego człowieka może kojarzyć się w różny sposób. Dla jednych będzie to odkrywanie miłości Boga, dążenie do życia zgodnego z wolą Stwórcy i w ten sposób układanie życie. Dla innych największym wyznacznikiem jest miłość odbierana od bliskich oraz możliwość odwzajemniania tego uczucia. Stan dobrego samopoczucia, błogości nie trwa nieustannie, ale można do niego szybko powrócić. Jeśli z jakiegoś powodu nie dzieje się dobrze, to warto mieć w miarę szybki sposób na powrót do lepszego stanu. Z pewnością dobrze przysłuży się pasja, która potrafi zrelaksować i oderwać od rzeczywistości choćby na krótką chwilę. Dobrze dawkowana nie przesłoni innych a przyniesie sporo radości i siły. Może uda się powrócić do jakiejś z młodości a może znajdzie się nowa. Nie ważne, czy sami wymyślimy hobby, czy zarazimy się od innych. Ważne, by wygospodarować dla siebie miejsce w czasie i przestrzeni na twórczość.

No i marzenia, bo właśnie marzenia dodają skrzydeł. Marząc przechodzi się na inny poziom egzystencji, lepszy, łagodniejszy, stajemy się wtedy młodsi. Dlatego przypomnijmy sobie dawne marzenia, albo zacznijmy marzyć od nowa.

Czy mamy przyjaciół? A jeśli dawno się do nich nie odzywaliśmy, to może już nadszedł czas, by zadzwonić, zapytać się o zdrowie. Przyjaźń to uczucie bardzo stabilizujące egzystencję. Nie warto zaniedbywać przyjaciół.

Okazuje się, że do osiągnięcia stanu szczęśliwości, choćby w małym stopniu wcale nie trzeba się dużo napracować. Jedynie trochę oderwać się od codzienności, ale nie tracąc z nią kontaktu. Głównie chodzi o zmianę wewnątrz nas, ponieważ wtedy inaczej postrzega się otoczenie, lepiej radzi z przeciwnościami losu.

W książce zajmujemy się tym etapem życia, kiedy przeminął już okres młodości i beztroski. Teraz są dzieci wymagające naszej troski, opieki, które same znajdują się w niełatwym okresie. Chcemy im przychylić nieba, ustrzec przed własnymi błędami z tego okresu. Odpowiadamy za nie przed Bogiem, sobą i prawem. Chcemy jakoś przetrwać ten czas. Ale dlaczego przetrwać? To słowo ma wydźwięk pejoratywny, ponieważ sugeruje, że można tego dokonać niejako rzutem na taśmę, cierpieniem, niewyobrażalnym trudem. Czyli takim sposobem, który wyciśnie z nas wszystkie soki. A co w takim razie później? Czy zostanie w nas jakakolwiek chęć do życia? Zarówno ten czas jak i każdy inny w życiu najlepiej potraktować jako kolejny etap do przejścia z większym bądź mniejszym wysiłkiem. Wystarczy się do niego odpowiednio przygotować, dobrze potrenować. Jednym z elementów zaprawy jest osiąganie coraz to lepszego poziomu zadowolenia i szczęścia. Jeżeli na drodze życia zdarzy się kłopot, lub tragedia, to po upadku nie czekajmy zbyt długo, by się podnieść i podążać dalej.

III. Kim jesteśmy – my rodzice, gdy dzieci chodzą do szkoły?

Na początku trzeba odpowiedzieć sobie na pytanie „Kim jestem?" Ale nie zamierzam niczego sugerować, raczej opowiem o pewnej mamie, której zadałam już to pytanie. Zaczęła od stwierdzenia: Jestem mamą dwójki dzieci, pracuję jako księgowa w dobrej firmie, jestem żoną, też córką, przyjaciółką, sąsiadką... Wymieniła jeszcze kilka ról, które pełniła w swoim życiu. Jednak kluczowe jest od której zaczęła. Jako pierwszą wymieniła rolę matki. Właśnie ta kreacja wydała się dla niej najważniejsza, zatem można wywnioskować, iż każdy jej dzień kręci się wokół macierzyństwa. Realizuje się głównie jako matka i duży nacisk kładzie na w wychowywanie dzieci. Nie ma w tym nic nagannego. Chcę pokazać jedynie schemat według, którego często funkcjonuje kobieta w rodzinie.

Przez wiele lat także i ja układałam życie wokół spraw związanych z dziećmi. One stanowiły centrum. Właściwie trudno się dziwić, ponieważ urodziłam niemałą gromadkę. Naprawdę pracy było i nadal jest sporo. Spełniliśmy z mężem nasze marzenie o licznej rodzinie. Czas kiedy przychodziły na świat był cudowny, ale też niełatwy. Wychowywanie, miłość, to wielkie i piękne słowa, ale trudno je mądrze wprowadzić w życie. Okres edukacji dzieci, na którym zamierzam się skupić, przynosi zwykle ze sobą wiele tajemnic i wyzwań, zarówno dla uczniów jak i dla ich rodziców. Przekonałam się o tym wielokrotnie. Pomimo mojego entuzjazmu z jakim starałam się pokonywać różnego rodzaju trudności, nie popadania w rutynę przy kolejnych dzieciach, to i tak nadszedł moment, gdy przestałam sobie radzić. A przynajmniej nie udawało mi się tego dokonać, jak pragnęłam. Nie chciałam dopuścić, by w naszym życiu zapanował chaos. Wiedziałam, że muszę wyhamować i zastanowić się nad sobą. Postanowiłam poukładać sprawy w takiej kolejności, bym zwyczajnie mogła przetrwać. Musiałam odpowiedzieć sobie na pytanie: kim jestem? Moja pierwsza odpowiedź niczym nie różniła się od opisanej wyżej. Jednak po refleksji zdałam sobie sprawę, że moje przeznaczenie wynika z tego, iż najpierw jestem kobietą. Tak, to właśnie płeć determinuje wszystkie zadania. Niby proste rozwiązanie, ale trudno to sobie uświadomić. A zatem.... jestem kobietą, chrześcijanką, żoną, matką (...) maratonką. Wyliczyć mogłabym ich wiele. Ale po pierwsze- jestem kobietą. Gdyby nie ten podstawowy fakt, to wszystkie pozostałe wyglądałyby inaczej. Według tego kodu starałam się uporządkować moje życie.

Rozpoczęłam od uregulowania moich relacji z Bogiem. Wiara i spotkania z Bogiem zawsze były dla mnie ważne. Postanowiłam przede wszystkim codziennie znaleźć dla Niego czas. Wygospodarować choćby chwilę, każdego dnia na medytację nad życiem Świętej Rodziny, podpatrzeć w jaki sposób radzili sobie z różnymi sprawami i wykorzystać te sposoby. Intencje miałam szczere i przyniosły dobry skutek. Odkryłam, że pierwsze miejsce w moim życiu powinno należeć do Boga. On jest pomostem między szczęściem a udręką; między mną a drugim człowiekiem; między miłością a wychowywaniem. On daje poczucie pewności siebie, ochraniania przed uleganiem manipulacjom i przed wykorzystywaniem innych. Ileż to razy żałowałam decyzji podjętych pod presją, bez mojej wolnej woli. Zazwyczaj ubolewałam po dokonaniu takich wyborów. Zaraz po tym w głowie powstawał zamęt, w sercu złość, natychmiast odzywała się niska samoocena, dopadało ogólne poczucie zagubienia i frustracja. Co z nią zrobić, no cóż... najprościej wyładować ją na dzieciach. Przyczepić się do bałaganu w pokoju, albo pokrzyczeć za uwagę w dzienniczku.

Moje dążenie do Boga zaowocowało darem poczucia wolności wewnętrznej. To prawdziwe szczęście. Ale też wiem, że o wolność trzeba nieustannie zabiegać i rozwijać, w przeciwnym razie łatwo można ją stracić.

Każdy człowiek ma swoją misję do spełnienia i powinien robić to w zgodzie z własnym sumieniem pomysłem i predyspozycjami a nie wizją kogoś innego. Tak właśnie powinno być. Bóg podarował człowiekowi wolność, która w fantastyczny sposób uzdalnia do niepoddawania się trudnościom. Pomaga podejmować rodzicielskie wyzwania. Wychowywanie dzieci wymaga ciągłego zaczynania od nowa. Dlatego, aby podołać temu wyzwaniu, warto zaprosić Boga do swojego życia, by uregulować wszelkie sprawy.

Wstępując w związek małżeński przysięgamy sobie wzajemnie miłość, wierność i uczciwość małżeńską oraz że nie opuścimy siebie nawzajem aż do śmierci. I to jest podstawa. Dzieci kiedyś wyfruną z gniazda, małżonkowie pozostają. A przynajmniej jest takie założenie. Lepiej zadbać o to, by po usamodzielnieniu się latorośli pozostało coś między rodzicami. A jeżeli to będzie gorące uczucie, to przyszłość już bez dzieci w domu zapowiada się naprawdę niezwykle.

Kiedyś czułam się wyłącznie mamusią, wówczas większość dzieci była mała i zapełniała sobą cały mój czas. To były niezwykłe i piękne doznania. Ale musiałam oprzytomnieć i sprostać macierzyńskim wyzwaniom, czyli przygotować je do dorosłości. Wyposażyć w umiejętności, wiedzę, potrzebne emocje.

Wspomniałam o zasadniczych rolach, które dotyczą niemal każdej kobiety, będącej matką i każdego mężczyzny będącego ojcem.

Pytanie: kim jestem? pozwala zastanowić się nad sensem życia, określić wartości, cele życiowe, dojrzeć kompleksy, kryzysy. Warto poświęcić trochę czasu, by na nowo zbudować obraz siebie, ustalić hierarchię wartości, wypracować nowe strategie działania. Brzmi zachęcająco, prawda? Chociaż zmiany mogą okazać się bolesne, jeśli najpierw trzeba będzie zerwać ze starymi przyzwyczajeniami, przewartościować sprawy, może naprawić wyrządzone zło, albo porzucić nieodpowiednie towarzystwo. Własne jestestwo można ustalić przez zastanowienie się nad tym co jest ważne, czego pragniemy, o czym marzymy. Nowoczesna wiedza z pewnością pozwoli dotrzeć w głąb siebie. Skoro na chrzcie zostaliśmy oddani Bogu, to dlaczego nie poprosić Go o pomoc?

Chcę zwrócić uwagę na okoliczności, w których człowiek nie jest zadowolony ze swojego życia. Kiedy żałuje, że nie jest kimś innym. Nierzadko zdarza się, że przygniecenie codziennymi zadaniami, zmęczenie rozczarowanie powoduje, iż szuka się rozwiązania w ucieczce do innego świata. Wydaje się, że zamiast pracować, można by spokojnie spędzać czas w domu i poświęcać go dzieciom. Albo odwrotnie, zamiast codziennej domowej rutyny: wysyłania dzieci do szkoły, sprzątania, gotowania, pomagania przy lekcjach prania, oglądania telewizji, to ciekawiej byłoby wspinać się po szczeblach zawodowej kariery, być docenionym w świecie. Czy ta zamiana miejsc uczyniłaby kogoś szczęśliwszym? Można się o tym przekonać, by w celu wyjścia z toksycznego schematu dokonać wizualizacji własnej przyszłości. Wystarczy oczami wyobraźni ujrzeć siebie w wyimaginowanej sytuacji, przyjrzeć się jak mijałby dzień, tydzień lub miesiąc w nowej roli a następnie ocenić tego plusy i minusy. Jeśli okazałoby się, że w nowej skórze żyłoby się lepiej i warunki pozwalają na taką zamianę, to można ten pomysł zrealizować.

Codzienność niesie tak wiele trudów i zmęczenia, że wcale nie trudno od niej uciekać do bardziej barwnej i z pozoru łatwiejszej. Chociaż zdecydowanie lepiej w moim przekonaniu pogodzić się z istniejąca sytuacją, ponieważ nie traci się wówczas czasu na wściekłość, albo depresyjne godziny. Zachęcam także do tego, by mieć pod ręką kilka sposobów radzenia sobie ze stresem. W XXI wieku wiele ich upowszechniono, jest w czym wybierać. Gdy obezwładnia nas stres, to zamiast poddawać się nastrojom, rzucać piorunami, sięgać po tabletki, albo wino, zdecydowanie bezpieczniej dla siebie i otoczenia sięgnąć po pierwszy z brzegu i go zastosować. Napięcie jakiemu ulegamy nie działa wyłącznie na emocje. Wpływa też na funkcjonowanie całego organizmu, np. na napięcie mięśniowe, czy działanie narządów. Jeżeli przez długi czas mięśnie są napięte, wtedy naciskają na układy wewnętrzne i na kręgosłup, co nie warunkuje dobrego ich funkcjonowania. Dlatego dobrze mieć jakąś pasję, która nie tylko ratowałaby nas w takich chwilach, pomogła zdystansować się do świata. Kilka propozycji zamieściłam w ostatnim rozdziale.

Czas, gdy dzieci uczęszczają do szkoły jest trudny dla wszystkich. Rodzicom przybywa lat, ale nie sił. Dzieci dorastają i w różny sposób sobie z tym radzą. Chcę wspólnie z wami – drodzy rodzice, przemierzyć tę fascynującą drogę, ponieważ jest to również i moja droga.

IV. Wszystko się zmienia, czyli porozmawiajmy o relacjach

Wraz z pierwszym dzwonkiem rozpoczyna się nowy rozdział w życiu całej rodziny. Zapowiada się naprawdę osobliwy czas dla wszystkich, niezwykle bogaty jest w relacje z innymi ludźmi oraz wszelkiego rodzaju wyzwania. Aby temu podołać, należy wykazać się niemałym zaangażowaniem, dlatego przydaje się odpowiednia kondycja fizyczna i spora doza odporności psychicznej. Funkcjonowanie dorosłych, kiedy ich dzieci uczęszczają do szkół, w znacznym stopniu opiera się na kontaktowaniu się z innymi osobami, najczęściej dotychczas nieznanymi. Odbywa się to z dość znacznym natężeniem i trwa prawie przez cały czas tej edukacji. Takie aktywności zazwyczaj wprowadzają sporo zamieszania w codzienność. No cóż, sporo trzeba zmienić w dotychczasowym zachowaniu, zwyczajach, więc lepiej podejść do nich z pewnym przygotowaniem. Podzieliłam ja na relacje ze szkołą, w rodzinie oraz ze światem, czyli z każdym innym spoza wcześniej wymienionych sfer.

Pierwsza dotyczy wszelakich kontaktów z placówką, podkreślam te, na które należy zwracać uwagę i traktować priorytetowo. Ponadto podpowiadam jak reagować na mniej przyjemne. Zdecydowanie jednak zachęcam, by nie odwracać się od szkoły, tłumacząc się brakiem czasu, albo innymi sprawami. Dziecko powinno mieć pewność, że może polegać na rodzicach sprawach szkolnych także.

W drugim opisuję zmianę relacji w domu, między rodzicami a dziećmi, albo pomiędzy rodzicami. Dochodzi mnóstwo spraw, na które trzeba reagować. Opisuję niektóre cechy rodziców, które przydają się nie tylko w tym okresie i warto nad nimi popracować. Nie potrafiłam oprzeć się pokusie, by nie podać kilku sztuczek wychowawczych, które z pewnością miłości rodzicielskiej dodadzą polotu.

Natomiast trzecia stera opowiada o stosunkach ze światem szeroko pojętym. Ale głównie koncentruję się na sposobie prowadzenia rozmowy. Zwracam uwagę na tryb komunikowania się z innymi.

W jaki sposób wyrażamy myśli, czy potrafimy słuchać, czy też wyłącznie mówimy.

Oczywiście można podzielić na wiele więcej punktów, ale jestem przekonana, iż wypełnienie tych zaleceń zdecydowanie odmieni życie i ułatwi porozumiewanie się w domu i poza nim.

Rodzice – szkoła

Edukacja dzieci, to ciekawy okres nie tylko dla nich samych, ale również dla rodziców. Rodzice mają okazję odbyć podróż sentymentalną do czasów własnej młodości, do okresu szkolnego. Zazwyczaj dorośli wykorzystują tę możliwość przeniesienia w czasie. Właściwie dzieje się tak niemal automatycznie, szczególnie gdy syn uczęszcza do tej samej placówki, którą ukończył tata. Wchodząc do szkoły tatuś przypomina sobie różne sytuacje z dawnych lat, te dobre i te frustrujące, albo też takie do których nigdy, przenigdy nie chce się wracać. W silnym mężczyźnie budzi się mały chłopiec z przed ćwierć wieku. I zależnie od wspomnień, od jakości relacji z kolegami, nauczycielami tak prognozuje przyszłość dziecka. A mama przypomina sobie kłótnie z koleżankami, albo tajemnice powierzane w sekrecie przyjaciółce, grę w gumę, albo kibicowanie kolegom z klasy podczas meczu. A może występowała na scenie i patrząc na nią powtarza w myśli każde słowo deklamowanego wiersza, lub zaśpiewanej piosenki. Jakiekolwiek byłyby to wspomnienia, to i tak warto do nich powrócić, ponieważ przenosimy się w czasy naszej młodości. Eh...

Dotychczas życie rodzinne toczyło się według utartych schematów, do których wszyscy zdążyli się już przyzwyczaić. Ale teraz dochodzą inne sprawy. Nagle, czy chcemy tego, czy też nie chcemy, to musimy meldować się na wywiadówkach, załatwiać różne sprawy w sekretariacie szkoły, przyjmować do wiadomości, to co ma do przekazania nauczyciel. A może wciągnięto nas w prace Trójki Klasowej, albo do Rady Szkoły. Być może angażujemy się w organizację wycieczek, różnego rodzaju zabaw, akademii, albo kupujemy paczki mikołajkowe dla wszystkich dzieci w klasie. Wcześniej tego typu aktywności zupełnie nas nie dotyczyły. Domyślam się, że wyrażając zgodę na te przedsięwzięcia nie zastanawialiśmy się nawet, ile czasu one pochłoną i jak go wygospodarować? Z czego uszczknąć ponadplanowe godziny? Tak, godziny, a nie minuty, bo zbierze się ich naprawdę sporo. Dobrze, jeżeli lubimy takie zajęcia, to nie przysporzą zdenerwowania. Natomiast, gdy szkolne zobowiązania zostały podjęte niejako pod przymusem, bo nie potrafiliśmy odmówić nauczycielce, wtedy mogą dorzucić sporo nieprzyjemnych uczuć, pochłonąć więcej energii, mogą drażnić, z pewnością generują mnóstwo negatywnych emocji. W takiej sytuacji, koniecznie, ale to koniecznie trzeba pilnować się by nie wyładowywać złości na dziecku. Ono nie ponosi tu żadnej winy. I chyba włącza się alarm, że należy popracować nad asertywnością. Jeżeli budzą w nas więcej złej energii niż dobrej, to może lepiej wycofać się z dodatkowych prac na rzecz szkoły. Tak, czy owak, krok po kroku wchodzimy w szkolne koleiny.

Proszę teraz policzyć, ile z różnego rodzaju szkolnych przedsięwzięć wynika nowych znajomości, nowych relacji? Nawet przy minimalnym zaangażowaniu jest ich niemało i nie pozostają bez znaczenia na naszą codzienność. Pochłaniają czas, energię, co jakiś czas wyprowadzają z równowagi, ale też przynoszą dużo radości, nowe doświadczenia, może przyjaźnie. Relacje związane ze szkołą są nieuniknione, więc przyda się odpowiednie nastawienie, ale też i przygotowanie. Oto kilka sprawdzonych przeze mnie sposobów. Zapraszam do testowania.

1. Przede wszystkim – akceptacja

Zaakceptować, to pogodzić się. Człowiek w swojej istocie chce decydować i szuka wyjścia z kłopotów w nieskończoność, gdyż niejednokrotnie zgoda oznacza klęskę. Ale ja mam na myśli takie pogodzenie się z zaistniałym stanem, który wprowadza pokój ducha. Na tyle uspokaja, że w konsekwencji łatwiej otworzyć się na dobre rozwiązania, być może przyjąć podpowiedź od kogoś mądrzejszego, bardziej doświadczonego. Chodzi mi nie tylko o relacje związane ze szkołą, ale też o szersze spojrzenie na życie. Bez względu na to w jakim stopniu się zaangażujemy i jeśli nawet wszystkie działania szkolne zrzucimy na współmałżonka, to i tak co jakiś czas zdarzy się nam odebrać dziecko ze szkoły, czy telefon od wychowawcy, albo innego rodzica. Ponadto zobowiązani jesteśmy do wglądu w elektroniczny dziennik. Nie raz i nie dwa zdziwi nas, co tam znajdziemy. Wtedy w przypadku, gdy ogarnia nas złość, zamiast natychmiast reagować, to najpierw trzeba pogodzić się, że nie jest tak, jak chcemy. Na szczęście ziemia nadal krąży po swojej orbicie, tak samo jak pozostałe planety w układzie słonecznym. Taka świadomość powinna utrzymać nas na nogach. A o to przecież chodzi. Chyba trzeba zgodzić się ze stwierdzeniem, że szkoła naraża rodziców na stres, ale też może sprawić, że poczują się dumni. Czego jest więcej, zależy od nas.

2. Przenoszenie lęków

Chcę przestrzec przed przenoszeniem własnych lęków, przeżyć z tego okresu na dzieci i przepowiadać im te samy kłopoty, w które wpadaliśmy. O tym więcej piszę w rozdziale „Złapać byka za rogi, pokonujemy lęki".

3. Dystansowanie się

Sprawdzoną metodą, by ułożyć relacje ze szkołą, jest dystansowanie się do niej. A polega to na uświadomieniu sobie, że to nie jest moja szkoła i ja nie otrzymuję ani ocen, ani uwag, nie odrabiam też zadań domowych. I nie zostanę po lekcjach za karę, nikt mnie nie postawi do kąta. A jeżeli, któreś z tych sytuacji przydarzy się dziecku, to ono powinno ponieść ewentualne konsekwencje, odbyć karę, albo wykonać powierzone mu zadania. Nie – my! Uprzytomnienie sobie tego, pozwoli osiągnąć potrzebny dystans. Wtedy łatwiej będzie można ustalić na co należy szczególnie reagować.

Nie można na wszystkie sytuacje reagować z takim samym natężeniem, dlatego właściwe jest, by odpowiednio je zhierarchizować. Oto moje propozycje.

Po pierwsze – z pewnością ważne jest zdrowie i bezpieczeństwo dziecka. I to stanowi absolutny priorytet. W razie potrzeby – reagować natychmiast. Sytuacja wydaje się tak oczywista, że nie muszę do tego przekonywać.

Po drugie – niewątpliwie istotne jest dobre samopoczucie dziecka. Jeśli dziecko będą dobrze się czuło w szkole, znajdzie przyjaciół, poradzi sobie z materiałem programowym, to w oczywisty sposób zmniejszą się inne problemy i chętnie będzie chodziło do szkoły. Dlatego warto dowiedzieć się, czy może ktoś mu szczególnie dokucza i potrzebna jest nasza reakcja. Wtedy bezwzględnie trzeba skontaktować się z nauczycielem a może też rodzicem drugiego dziecka. Radzę, by rzeczowo – nie emocjonalnie wyłożyć sprawę. Zapytać o propozycję jej rozwiązania, podsunąć też własne pomysły. Jednak nie można zapominać, że to my jesteśmy adwokatami własnego dziecka. Nawet jeśli trzeba będzie naprawić wyrządzoną krzywdę, to musimy przy nim trwać. Radzę zachować czujność i nie dać się wyprowadzić w pole. Reakcja wychowawcza powinna być wywarzona i konsekwentna, ale nie pozbawiona miłości.

Po trzecie – pomagać dziecku w nauce w razie potrzeby.

Gdy dziecko pobiera naukę w szkole na wyższym poziomie to naiwnie sądzimy, że kłopoty z nauką i chodzeniem do nauczycieli mamy za sobą. Niestety tak nie jest. Zdarza się, że trzeba zareagować kiedy zostały wystawione zagrożenia. Nauczyciele w tychże placówkach w różny sposób motywują uczniów do pracy, czego efektem mogą być właśnie zagrożenia oceną niedostateczną na semestr lub na świadectwie. W takiej sytuacji rodzice zobligowani zostają do podpisania odpowiedniego dokumentu o przewidzianej jedynce, więc muszą osobiście pofatygować się do szkoły. Czasem trzeba porozmawiać z opiniującym „jedynkę" nauczycielem. Spotkanie nie zawsze przebiega w dobrej atmosferze.

Pewnego razu udałam się do pani od matematyki. Chciałam dowiedzieć się w jaki sposób syn mógłby poprawić stopień i czy taka ewentualność w ogóle wchodzi w grę. Oczywiście wcześniej rozmawiałam o tym synem, ale górę wzięła matczyna nadgorliwość i postanowiłam pokazać się w szkole. Pani od wejścia przywitała mnie groźnym spojrzeniem. Surowym tonem poinformowała o braku postępów w nauce u mojego dziecka i zerowym poziomem jego zainteresowania matematyką. Odniosłam wrażenie, że chciała rozwinąć swoją wypowiedź. Ale jej przerwałam „Ja nie przyszłam żebrać o dwójkę" nauczycielka nie dokończyła zdania. Poprawiła okulary i już innym głosem powiedziała co syn powinien zrobić i w jakim terminie. Rozstałyśmy się w dobrym nastroju. Zmobilizowaliśmy syna do pogłębienia matematycznych arkanów, pani też inaczej go później traktowała.

Zauważyłam, że rodzice bez względu na to, czy dzieci uczą się w szkole podstawowej, gimnazjum, czy średniej mają skłonności do pobłażania im. Nie wiedzieć czemu nie zachęcają ich do wysiłku intelektualnego. Wprawdzie inwestują w różnorakie kursy, dodatkowe zajęcia, ale jeśli chodzi o lekcje, to raczej poszukują korepetytorów, niż dopingują, by młodzi sami pokonali trudności, poświęcając trudnym zagadnieniom więcej czasu. A jeśli to nie poskutkuje, to dopiero wówczas poszukać innych rozwiązań. O ile pamiętam, w odległych czasach, kiedy sama pobierałam nauki w szkole, najpierw kładziono nacisk na samodzielną naukę, później wspierali koledzy a dopiero następnym etapem były np. korepetycje. Młodzi ludzie mają sporo czasu, który mogą poświęcać na zdobywanie wiedzy, choćby przez redukcję czasu spędzanego przy komputerze.

Po czwarte – odpowiadanie na wezwania ze szkoły.

Na wezwania ze szkoły nie sposób nie zareagować. Sugeruję, by odnosić się do nich jak najszybciej. Opisana wyżej sytuacja pokazuje, że racjonalne podejście do problemu raczej się opłaca. Lepiej nie „napadać" na nauczyciela i ostrym tonem nie wskazywać, co ma robić. Podobnie nie powinno się przyjmować postawy „szarej myszki" i bezkrytycznie zgadzać się z każdym słowem pedagoga. Przecież to MY jesteśmy rodzicami, odpowiadamy za dziecko, ale też powierzamy je nauczycielom, więc oni także powinni zdać relację ze swoich przedsięwzięć.

Dobre efekty przynosi robienie notatek podczas rozmowy, chodzi o zwyczajny zapis oczekiwań nauczyciela, podawanych terminów, zadań do wykonania przez dziecko. Tak zaprezentowane zainteresowanie sugeruje, że rodzic zamierza doprowadzić sprawę do końca i słowa nauczyciela są dla niego istotne. Nie chce, by mu coś umknęło. A wychowawca zaczyna liczyć się ze słowami, gdyż wie co zostanie napisane.

Być może nie uda się uniknąć konfliktu z nauczycielem. I jeśli spokojne rozwiązanie problemu nie wchodzi w grę, to może warto na spotkanie przyprowadzić pełnoletniego świadka. Taka sytuacja mobilizuje obie strony do wypracowania porozumienia. No cóż, przy dodatkowym obserwatorze, należy bardziej ważyć słowa. W rolę świadka powinien wcielić się współmałżonek lub ktoś z rodziny. Warto też zaprosić pedagoga szkolnego. Zupełnie obcy człowiek może rozwścieczyć drugą stronę konfliktu i uzyskamy efekt odwrotny od zamierzonego. Dlatego na początku spotkania powinno się przedstawić osobę towarzyszącą, mimochodem dodając, że jest przy okazji. To wszystko w celu zminimalizowania napięcia.

Jeśli naprawdę nie udaje się dogadać z nauczycielem, wychowawcą i nieporozumienia grożą nieodpowiednim traktowaniem dziecka, to należy rozważyć przeniesienie go do innej klasy lub szkoły. Nie warto czekać na poprawę w nieskończoność.

Po piąte – pracownicy szkoły.

Pani woźna (szczególnie w szkole podstawowej) to osoba, która zna wszystkie dzieci od zupełnie innej strony niż nauczyciel. Widzi jak się bawią na przerwach z kolegami, czy zjadają śniadania, czy też wyrzucają je do kosza. Obserwuje reakcje maluchów w różnych sytuacjach, szczególnie kiedy wydaje im się, że nikt nie patrzy? Dlatego co jakiś czas warto zapytać o jej spostrzeżenia. Na pewno okażą się przydatne.

Po szóste – inni rodzice.

Są klasy, w których rodzice zgrywają się i zwyczajnie lubią spotykać ze sobą. Sporo organizują dla dzieci, pomagają sobie wzajemnie, utrzymują niewymuszony kontakt. Radzę nie unikać takich relacji. Oczywiście jeżeli jesteśmy typowymi domatorami i dodatkowe spotkania nie leżą w naszym charakterze, to lepiej na siłę ich nie podejmować. Chociaż z reguły okazują się przydatne, można wtedy wymienić się doświadczeniami, dobrze bawić, czasem nawet znaleźć przyjaciela. A gdyby zdarzyły się konflikty między dziećmi, to z pewnością łatwiej je rozwiązać, kiedy rodzice znają się nieco lepiej niż z rozpoczęcia roku szkolnego. Przede wszystkim namawiam, by nie unikać kontaktów z innymi rodzicami, chociaż porozmawiać co jakiś czas.

Chcę także przestrzec przed wydawałoby się oczywistą kwestią, by dorośli nie przejmowali kłótni dzieci i nie przenosili ich na własny grunt. Wielekroć spotykałam się ze skonfliktowanymi rodzicami, ponieważ ich dzieci nie mogły dojść do porozumienia. Każda ze stron broniła swojej pociechy i nie słuchała drugiej. Wydawać się to może niemożliwe, ale zdarza się. Dorośli ludzie mijają się z niechęcią i podsycają własne dzieci przeciwko innym. Agresja zbiera żniwo. A tak naprawdę w prosty sposób można by tego uniknąć. Konflikt między uczniami szybko wygasłby bez dokładania do ognia.

Po siódme – koledzy dzieci.

W zależności od tego, czy nasza pociecha lubi towarzystwo, czy wręcz przeciwnie, to różna liczba dzieci i o różnej porze przewijać się przez nasz dom. Najpierw zagości grupa uroczych maluchów a później dorastających nastolatków, niemniej czarujących. Lepiej do tego przywyknąć od razu i zapomnieć o ciszy na zawołanie. Zdecydowanie przyda się jakiś regulamin, który ureguluje odwiedziny i sposób ich przebiegu. Jeśli od samego początku ustali się zasady przyjmowania gości oraz inne warunków wspólnego życia, choćby godziny wizyt. Taki plan z pewnością ułatwi funkcjonowanie w domu. Dzieci przy okazji nauczą się, że należy liczyć się z innymi domownikami, dadzą dobrą lekcję kolegom a gdy zagoszczą w innych domach, to nie tylko go nie zdemolują, ale też nie będą przeszkadzać gospodarzom. Jednak aby się zamierzenia wypełniły, to należy przestrzegać ustalonych warunków. Niech zmobilizuje do tego wizja nastolatków wpadających do domu późnym wieczorem, albo dzwoniących do drzwi grubo po dwudziestej drugiej.

Koledzy, to również znakomite źródło informacji o własnych dzieciach. Pewien tata uwielbiał odwodzić dzieci po imprezach do domu. Twierdził, że w samochodzie jako kierowca stawał się niewidzialny dla swoich pasażerów a młodzi ludzie w czasie jazdy żywiołowo rozmawiali ze sobą zupełnie się nim nie krępując. Chyba zapominali o jego istnieniu, no bo to przecież kierowca, nie ojciec któregoś z nich. W tym czasie, ów tatuś dowiadywał się o wielu sprawach, o których nie miałby pojęcia. No i nie musiał o nic przepytywać w domu.

Chcę zasygnalizować także konieczność zawiadamiania rodziców kolegów, szczególnie w szkole podstawowej o przebywaniu ich pociech w naszym domu, szczególnie gdy trwa to już długo. Albo jeśli planujemy zaprosić ich dzieci do siebie na nocowanie. Nie zawsze można polegać na podekscytowanych dzieciach, lepiej zadzwonić i poinformować. Wówczas obie rodziny będą spokojniejsze.

Rodzice – dzieci, dalsza rodzina

Życie w domu podczas edukacji dzieci zmienia się zasadniczo. Przekształceniu ulega poranny rytuał; począwszy od godziny pobudki. Budzik dzwoni trochę wcześniej niż nawet wtedy gdy odprowadzaliśmy je do przedszkola. Rano pośpiesznie przygotowujemy śniadanie do szkoły, pakujemy je do plecaka. Przy okazji pośpiesznym rzutem oka sprawdzamy zawartość tornistra, czy na pewno znajduje się w nim wszystko co potrzeba. A przy okazji co jakiś czas na dnie odkrywamy stare kanapki, kamienie, albo przyklejoną gumę do żucia. Idziemy budzić dzieci. I znów do kuchni, by szybko przygotować śniadanie. Nawołujemy je do kuchni a tu cisza. Co? Jeszcze śpią. Konia z rzędem temu, kto wymyśli skuteczną metodę ale nie drastyczną na obudzenie. Szybka toaleta, śniadanie wyprawienie albo odprowadzenie do szkoły. Przy drugiej ewentualności co jakiś czas dowiadujemy się po drodze, że trzeba było coś przynieść, albo przygotować na lekcje, albo jeszcze innych rewelacji. A tak przy okazji, lepiej nie denerwować się nieprzygotowaniem naszej pociechy. W końcu to jej lekcje a my ani uwagi, ani jedynki nie dostaniemy. Uff...

Nareszcie są drzwi szkoły. Po odstawieniu malucha idziemy do pracy, lub wracamy do domu załatwiając po drodze zakupy, lub inne sprawy. Gdy zbliża się godzina odbioru dziecka ze szkoły, bądź jego powrotu, to wypada ugotować, albo przynajmniej jakoś zorganizować obiad. Popołudnie również układa się zgodnie z planem zajęć dziecka: zadanie domowe, nauka lub dodatkowe zajęcia poza domem (na które musimy je zawieźć). Wieczór, kolacja, toaleta i sen. Teraz mamy trochę czasu dla siebie. Oczywiście opisany dzień w zasadzie dotyczy dzieci ze szkoły podstawowej a właściwie z młodszych klas. Chciałam pokazać jak bardzo zmienia się rytm i tematyka dnia osoby dorosłej, gdy dziecko chodzi do szkoły. Właściwie życie toczy się wokół jego spraw. Wydawać się może, że nie da się inaczej, że tak właśnie musi być. Po głowie zaczynają krążyć myśli, że może coś tracimy, przestajemy się rozwijać, zwyczajnie poświęcamy się. Wprowadzają one niepokój i zamęt. Sama powielałam ów porządek. Ale mówiąc „zmiana" nie mam na myśli zewnętrznej roszady, lecz przewartościowanie wewnętrznego nastawienia do sytuacji. Zewnętrzny harmonogram rzutuje na relacje w rodzinie, lecz nie powinien ubezwłasnowolnić. W zasadzie wszystko zależy od nas, od nastawienia wewnętrznego i podejmowanych decyzji. I nowy etap w rodzinie może przynieść niezwykle doznania, rozwinąć domowników, zbliżyć do siebie lub oddalić. Ale z pewnością jest niepowtarzalny i niezwykły.

Wydawałoby się, że czas kiedy matka oddaje się dziecku bez reszty mija w raz z jego okresem niemowlęcym. Z pewnością jej zainteresowanie potomstwem, choć w nieco innym natężeniu, trwa. Nadal koordynuje różne zajęcia, śledzi poczynania w nauce, dba o zdrowie i wspiera w kłopotach. Wymieniłam zaledwie kilka aspektów jej zatroskania. Doliczyć do tego trzeba jeszcze pozostałe obowiązki domowe i pracę zawodową. Jak na jedną kobietę to naprawdę duży ciężar do udźwignięcia. Ojciec także ma sporo na głowie. W nawale obowiązków naprawdę łatwo nie zauważyć zmieniających się relacji miedzy nimi. Małżonkowie mają coraz mniej czasu dla siebie. Więzi pomiędzy nimi mogą słabnąć, stają się zwyczajne, namiętność... być może oglądają wyłącznie na filmach. To naprawdę smutne. A gdzie podział się ogień, który kiedyś tak jasno płonął i rozpalał zmysły. Nie wiadomo, a właściwie wiadomo, został zasypany codziennością. Ale tak wcale nie musi być. Znów trzeba zabiegać szczególnie o te relacje, troszczyć się o nie jak za młodych lat. I tak ułożyć sobie wszelkie sprawy, aby wygospodarować czas na podsycanie miłości małżeńskiej. Poprzekładać sprawy. Oprócz tego warto podzielić się obowiązkami, by znalazł się czas na spokojną rozmowę i w dobrej atmosferze a może wyjście z domu. Koniecznie powinno się ustalić wspólny front wychowawczy, żeby dzieci nie rozgrywały swoich spraw pomiędzy rodzicami. Co jakiś czas warto spełniać marzenia, realizować pasję, świętować rocznice, zorganizować wycieczki. Za to systematycznie należy dbać o atmosferę w domu.

Gdy dziecko idzie do szkoły, to otwiera się cała list problemów. Ono przede wszystkim dorasta i każdego roku pokazuje inną twarz. Jest to naturalna kolej rzeczy. I tak właśnie powinno być. Gdyby przez cały ten czas było aniołkiem, albo przeciwnie ciągle nieznośne to wskazywałoby, że trzeba zasięgnąć porady u specjalisty. A tak co roku na zmianę; to jest spokojnym domatorem, rozwijającym swoje zainteresowania, to znów energicznym rozbrykanym pyskatym stworzeniem. Na szczęście natura podczas przerw pomiędzy wzmożoną energią potomstwa daje rodzicom sposobność na wytchnienie. Dzieje się tak dopóty, dopóki maleństwo nie wejdzie w okres dojrzewania. W zasadzie trudno przewidzieć wtedy jego reakcje. Ale z doświadczenia wiem, że dobre relacje z wcześniejszego okresu bardzo procentują w kontaktach z nastolatkami i nie ma potrzeby zawczasu obawiać się tej metamorfozy. Dlatego lepiej popracować nad więziami od początku. Podzielę się kilkoma sposobami, które wypracowałam przez lata macierzyńskich doświadczeń. Z pewnością ułatwią właściwe odnalezienie się w niektórych sytuacjach związanych z dziećmi i pozwolą zachować nie tylko twarz, ale też spokój ducha. Nie powinny wywołać rewolucji w domu, raczej zmodyfikują niektóre działania, usprawnią. Choć, przyznaję wymagać będą sporego zaangażowania i nieustawania przy dokonywaniu przemian.

1. Zacznijmy od nabywania umiejętności dystansowania się do siebie. Naprawdę lepiej nie brać wszystkiego zbyt poważnie. Idealny

wydaje się taki sposób bycia, który charakteryzuje luz i poczucie humoru. To przydaje się chyba zawsze. Oczywiście nie każdy rodzi się z taką właściwością. Na szczęście można wypracować choćby elementy tego stylu. Najprościej, to w chwilach trudnych związanych z zachowaniem dzieci włączać, zupełnie jak bieg w samochodzie dobry humor i dowcip. Na początku nie jest to wcale łatwe. Jednak z biegiem czasu dojdziemy do pożądanego poziomu. Przyznam, że to jeden z najlepszych sposobów na nastolatki. One naprawdę doceniają u rodziców taki sposób bycia, zaś rodzice nie rujnują zdrowia.

2. Nie oczekiwać wdzięczności od dzieci za poświęcenie i trud włożony w ich wychowanie, wykształcenie. One z pewnością nie oszacują rodzicielskich wysiłków w takim stopniu na jaki liczą dorośli. Zastanowią się nad tym, kiedy sami zostaną rodzicami. Wcześniej nie ma co liczyć na wyrazy uznania z ich strony. Dorastające dzieci z reguły robią na przekór choć doskonale wyczuwają nasze oczekiwania. Mają do tego niezłą zabawę obserwując jak rodzice usiłują podkreślić włożony trud i poświęcenie. Z drugiej strony, czy zatroszczenia się o dzieci, zapewnienie im warunków do dobrego rozwoju i szczęścia nie jest naszym – rodziców obowiązkiem? No jest, więc po co czekać na reakcje wdzięczności z ich strony. Ale żeby naprawdę doświadczyły, ile wysiłku wkłada się choćby w sprzątanie domu, albo w wykonywanie innych prac, to najlepiej zaangażować je do tych zajęć, rozdzielić obowiązki i przypilnować, by systematycznie je wypełniały. Nie radzę wszystkiego brać na swoje barki a dzieciom odpuszczać, w przeświadczeniu, że się jeszcze napracują w życiu. Niech zaczną od sprzątania pokoju, zabawek, później dokładać na miarę ich możliwości. Przy okazji poczują się pewniej, ponieważ będą umiały wiele zrobić. Każda umiejętność ułatwia życie.

3. Dbać o dobrą atmosferę. W zasadzie chcę jedynie uświadomić, że domową atmosferę powinno się świadomie kreować. Ona sama się nie wytworzy. Ale też chcę zwrócić uwagę na sposób rozmowy z dzieckiem po jego powrocie ze szkoły. Nieodpowiedni styl konwersacji nie tylko obniża ciepło domowego ogniska, ale też blokuje dziecko,

powoduje iż ono zamyka się w sobie i przestaje w siebie wierzyć. Chcę uczulić na rodzaj pytań, jakimi zasypuje się ucznia, po jego powrocie ze szkoły. Zazwyczaj wygląda to tak. Dziecko przestępuje próg domu, zdejmuje tornister, buty, kurtkę. Mama wygląda z kuchni i zaczyna się przesłuchanie: Jak było w szkole? Jaką dostałeś ocenę? A dlaczego taką? A co dostał kolega? I wymienia się nazwisko. O, lepiej od ciebie... Ale na pewno następnym razem ty będziesz lepszy.

Dziecko spuszcza głowę, odpowiada coś pod nosem, usiłuje opowiedzieć o meczu, w którym strzelił bramkę i dzięki temu wygrała jego drużyna. Ale dla mamy, to był tylko mecz, nie matematyka, więc nie ma znaczenia.

Zdecydowanie lepsze efekty przynoszą inne pytania: Cieszę się, że jesteś już. Widzę, że jesteś zadowolony, coś się wydarzyło? Czego doświadczyłeś, co przeżyłeś? Co stało się dzisiaj nieoczekiwanego? Czego nowego nauczyłeś się? Wówczas dziecko może opowiadać o czym chce, według własnych priorytetów. Jest zadowolone, albo smutne, ale mówi a mama słucha, nie przerywa, lecz reaguje odpowiednio do opowiadanej sytuacji.

4. A później dużo i cierpliwie słuchać, nie wchodzić w zdanie.

Jeśli opanuje się sztukę uważnego słuchania, bez wchodzenia w słowo, przerywania i mądrzenia się, to można powiedzieć, że osiągnęło się w tej dziedzinie mistrzostwo świata. Wprawdzie droga to tego może okazać się żmudna, to i tak warto podjąć ten trud.

W pewnej rodzinie postanowili nauczyć się słuchania siebie nawzajem. Dzieci były w młodszym wieku szkolnym i miały sporo do powiedzenia. Zazwyczaj mówiły niemal jednocześnie. Wtedy mama wymyśliła, że podczas rozmowy mówi tylko ta osoba, która trzyma w ręku ustalony przedmiot. Pozostali zaś słuchają i nie przerywają. Określili także orientacyjny czas wypowiedzi, by ktoś nie przemawiał w nieskończoność. Trochę trwało zanim nauczyli się nie przeszkadzać sobie, ale opłaciło się. Pewnego razu do ich domu przyszła koleżanka mamy. Jedno z dzieci opowiadało z przejęciem o zabawie żołnierzykami a ta pani przerwała mu i dokończyła za nie zadowolona, że zgadła. Wtedy inne zwróciło jej uwagę, że nie powinno się przerywać. Dorosła kobieta zarumieniła się, z zawstydzeniem przeprosiła i podziękowała za pouczenie. Przyznała rację.

5. Metody wychowawcze.

Zachęcam do poszukiwania nowych metod wychowawczych, do rozwijania się w tym zakresie. Zdecydowanie nie wystarczą te wyniesione z własnego domu rodzinnego. Albo w przypadku zrażenia do takich – stosowanie przeciwstawnych odpowiedników. Wychowanie to nie tylko sprawa placówek wychowawczych, my – rodzice również powinniśmy rozwijać się w tym zakresie. Istnieje wiele możliwości, doświadczenia i wiedzę można czerpać z książek, Internetu, rozmów z innymi rodzicami, szkoleń i pogadanek pedagogicznych, albo wystarczy wyciągać wnioski z własnych wychowawczych przedsięwzięć. Najważniejsze, by rozwijać się.

6. Cechy rodziców, które się przydają i warto nad nimi popracować.

A teraz zachęcam do przyjrzenia się sobie pod kątem zalet i wad. Nie chodzi mi o jakąś szczególną introspekcję, ale o sprawdzenie w jakim stopniu posiadamy wymienione cechy, które przydają się w wychowaniu dzieci.

Poczucie humoru

Dowcip niezwykle się przydaje a szczególnie gdy dzieci dorastają. Jeśli natura nie obdarowała nas humorem, to trzeba nad nim popracować. Z pewnością pomaga obcowanie z osobami o pogodnymi i pełnym humoru nastawieniu do życia. Łatwo podpatrzyć ich reakcje w różnych sytuacjach i porównać z własnymi. Dobrym sprawdzianem jest styl odpowiadania na zaczepki. Zanim zareagujemy w „swoim stylu", czyli poważnie, to spróbujmy najpierw pożartować, zdystansować się. Z pewnością autorytet rodzica wcale nie ucierpi. Poza tym luz w reakcji w takiej sytuacji nie oznacza, że nie będziemy wyciągać konsekwencji. Oczywiście, że nie! Ale kaliber wewnętrznego napięcia się zmniejszy, zadbamy przy okazji o serce. Naprawdę nie warto na wszystko reagować kategorycznie.

Cierpliwość

Każdy o niej marzy. Wydaje się obowiązkowym przymiotem rodziców. A jednak na podstawie macierzyńskich doświadczeń i obserwacji przekonałam się, że nie jest ona darem samym w sobie. Chociaż z pewnością można ją wypracować, podobnie jak inne cnoty. Ale wynika z wolności wewnętrznej. O taką właśnie wolność, wolność wewnętrzną należy prosić Boga w pierwszej kolejności a nie o cierpliwość. Ta niezależność przynosi pewność siebie, ale nie butę, spokój harmonię i wytrwałość. Trudno wyobrazić sobie rodzica bez cierpliwości, ale tak samo trudno ją osiągnąć, gdy w domu jest choćby jedno dziecko, nie wspomnę o liczniejszej gromadce. Każdy o tym wie. Ale też marzy o posiadaniu zaczarowanego przycisku, który po naciśnięciu wyposaża rodziców w niezmierzone pokłady cierpliwości. Zapewne osiągniemy je dopiero niebie, trzeba jeszcze poczekać. Takim guzikiem może być znalezienie odskoczni od problemu. I wcale nie mam na myśli nadużywania alkoholu, czy innych używek. Raczej pasję lub umiejętność pozwalającą na zdystansowanie się od kłopotów, albo na znalezienie dobrego wyjścia z sytuacji. Bezwzględnie należy ją wykorzystać. Jednym z moich sprawdzonych sposobów jest bieganie. Z reguły biegam szybciej niż moje kłopoty, złe emocje, chora ambicja i przy dłuższych dystansach pozostawiam je za sobą. Wygrywam z nimi. Na którymś kilometrze towarzyszy mi tylko sama istota zagadnienia, bez zbędnego balastu, wtedy zazwyczaj udaje mi się odnaleźć rozwiązanie. Po powrocie do domu już spokojnie mogę o wszystkim porozmawiać. Podczas treningu mam też czas na modlitwę.

Odpowiedzialność

Ta cecha jest potrzebna nie tylko po to by zapewnić rodzinie poczucie bezpieczeństwa, byt i miłość. Ale również po to, by dzieci obserwując nas i naśladując wyrabiały ją w sobie. Oczywiście można je uczyć poprzez kładzenie nacisku na dotrzymywanie słowa, doprowadzanie spraw do końca, powierzanie im ważnych zadań z zapewnieniem o naszym zaufaniu. Wygłaszanie na ten temat poważnych pogadanek. Albo wyciąganiu konsekwencji z niewywiązywania się ze zobowiązań. Jednak zdecydowanie lepsze efekty przynoszą oba aspekty, czyli naśladownictwo dorosłych i wyrabianie cechy.

Konsekwencja

O tę zaletę nie jest łatwo... Niby wiadomo o co chodzi, lecz w życiu nie zawsze udaje się sprostać. Najpierw dzieci są małe i zwyczajnie żal im czegokolwiek zabraniać, więc łatwo odpuścić. Natomiast później z przyzwyczajenia przymyka się oko, z braku czasu, lub z nadzieją, że jakoś to będzie. Albo z lęku, że się młodzi postawią i odmówią wykonania polecenia a rodzicielski autorytet legnie w gruzach. Jednak trzeba zastanowić się, czy na pewno nadal się go posiada. Wypracowywanie konsekwencji zarówno u siebie jak i u dzieci może okazać się bolesne, nieprzyjemne. Mimo, to nie poddawajmy się. Odwagi!

Elastyczność

Przy dzieciach w każdym wielu trudno czasem dotrzymać planu a w jednej minucie potrafi zawalić się misternie konstruowany harmonogram. Czasem tak bardzo i znienacka, jak grom z jasnego nieba, że trudno uciec przed awanturą. Od razu widać, że sztywne trzymanie się planu, właściwe takie nastawienie może więcej przynieść szkody niż pożytku. Trudno tu doradzać coś szczególnego, wystarczy założyć, że w razie nieprzewidzianych zmian ziemia nie przestaje się kręcić, damy radę, a może przy okazji może wydarzy się coś interesującego.

Pewność siebie

Tak, trzeba wiedzieć czego chcemy od świata i co możemy jemu ofiarować. O poczuciu własnej wartości pisałam już wcześniej. Nie wyobrażam sobie, by nie pracować nad osiągnięciem tej zalety. Przydaje się, gdy ktokolwiek wbrew naszej woli próbuje nami manipulować. Pewność siebie ułatwia jasne spojrzenie na świat.

Wiedza o szkole

Sporo zmieniło się w szkole od czasów naszej edukacji. Nie tylko programy nauczania, ale także relacje między nauczycielem a uczniem. Kiedyś autorytet pedagogów był niepodważalny a dziś normą wydają się sprzeczki na lekcjach, albo wymagania im stawiane przez rodziców dotyczące choćby stylu i jakości nauczania. Wiedza o funkcjonowaniu szkoły z pewnością ułatwi relacje z placówką. Czasem nawet znajomość statutu szkoły może okazać się cenna, gdyby ktoś próbował go naginać do własnych potrzeb.

Posiadanie mocy

Któż z rodziców nie marzył o posiadaniu mocy, że pstryknie się palcami i dziecko przestaje płakać, albo ustaje bójka, czy milusiński chętnie zabiera się do odrabiania zadań domowych. Albo wystarczyłoby klasnąć w ręce. Oczywiście możemy pomarzyć, dlaczego nie? Chociaż pożądane efekty oddziaływania na dzieci należy wypracować. Przydadzą się to tego wymienione cechy oraz sposoby działania. Odwagi!

7. Poświęcanie uwagi i czasu dzieciom.

Już o tym pisałam w poprzednich rozdziałach, jednak chcę zaznaczyć, że uwaga i czas powinny być adekwatne do potrzeb, sytuacji oraz wieku dziecka. Nie stuprocentowa, ani też zbytnio okrojona. Najlepiej, jak ze wszystkim trzymać się zasady złotego środka. Jeżeli w danej chwili nie jesteśmy w stanie porozmawiać z dzieckiem a sprawa wydaje się ważna i pilna, to najlepiej wspólnie wyznaczyć najszybszy możliwy dla obu stron termin. Przy takim rozwiązaniu dziecko nie czuje się lekceważone a my nie będziemy śpieszyć się. W mojej rodzinie sprawdziła się ta metoda. Polecam.

8. Zaufanie do dziecka.

Zupełnie czym innym jest zaufanie do dziecka w słowach a czym innym w życiu. Z ust rodziców często padają słowa: mam do ciebie zaufanie, możesz zrobić to i to... by za chwilę zapytać a jak planujesz to wykonać? Z kim i kiedy? Czy na pewno dasz sobie radę? Pomogę Ci!

W domyśle; zrobię za ciebie. Powierzanie dziecku zadań do wykonania niesłychanie buduje jego charakter, dodaje pewności siebie, satysfakcję, uczy odpowiedzialności i konsekwencji. Może też sprawiać przyjemność. Natomiast, gdy zaraz po ich przydzieleniu zaczynamy sprawdzać, „popychać", albo stopować. To absolutnie mija się z celem i na pewno wymienionych wyżej zalet nie osiągnie się. Dlatego radzę powstrzymać zapędy przed kontrolą i powierzyć zadania na miarę jego rozwoju i umiejętności. Przy okazji będziemy mieli czas dla siebie. A to jest bezcenne w każdym calu.

9. Pozwolić dziecku być sobą.

Dziecko nie jest kopią rodziców. Dziecko nie powinno realizować rodzicielskich niespełnionych marzeń. Nawet jeśli nosi takie samo imię, co matka lub ojciec, to jest inna istota. Pomimo iż są to prawdy oczywiste, to i tak chyba każdy z nas – rodziców chociaż raz przyłapał się na tym, że chciałby aby jego dziecko.... Sporo można wymienić. Choćby uczyło się grać na instrumencie, chodziło na basen, znało sztuki walki, języki obce, najlepiej francuski, bo mamie się taki język podoba. Rodzic jest w stanie wszystko zrobić, alby wysłać dziecko na zimowisko, na narty, bo sam nie miał takich możliwości w dzieciństwie a zawsze tego pragnął. I jest tak przekonany o wartości wyjazdu, czekających tam atrakcjach, że zapisuje dziecko, nie pytając je o zdanie. Zaś ono wolałoby odpocząć podczas ferii, nadrobić zaległości w lekturze a może pojechać do dziadków na wieś. A w górach w końcu musi jakoś wytrwać. I może skoro tak się wycierpiało na wycieczce, to w przyszłości własnych dzieci nie wyśle na kolonie, również nie konsultując z nimi decyzji. Skoro nie nauczyło się tego wcześniej.

Dziecko powinno zostać sobą. Rozwijać się zgodnie z posiadanymi talentami, zamiłowaniami. Nie zaciskajmy mu na szyi pętli naszych oczekiwań. Oczywiście trzeba je przedstawić, ale modelować dziecka według nich. Wychowywać, to przysposabiać do życia, obdarowywać miłością, rozwijać, ale nie modyfikować, zmieniać. Pewnie znaleźliśmy kilka momentów w naszych relacjach z dziećmi, które kwalifikują się do tych negatywnych, ale to nic. Zaczynamy od nowa, od dziś. Dołożymy wszelkich starań, by pozwolić dziecku być sobą.

10. Wspólne działania.

Tutaj także łatwo poślizgnąć się wychowawczo. Jakże często wykonujemy za nie obowiązki domowe, które sami wcześniej nałożyliśmy. Albo wprost przeciwnie, pozostawiamy dzieci w samopas a później tylko rozliczamy. Jakoś trudno razem coś robić. Mama wygania z kuchni dzieci, bo szybciej sama upiecze ciasto i mniej nabrudzi. A gdyby tak spróbować razem przygotować kolację, albo przedstawienie. Najwięcej przyjemności wynika podczas przygotowań. Ileż ciekawych rozmów, ile uciechy, wpierania się, kawałów, psot, które przez lata opowiada się podczas zimowych wieczorów. Zacznijmy robić różne rzeczy razem, nie tylko odrabiać lekcje, albo oglądać telewizor, czy chodzić na zakupy. Może zaplanować wycieczkę rowerową na sobotę, albo przygotować niespodziankę dla dziadka na urodziny. Albo wypuścić latawce w wietrzny dzień. Jest tyle możliwości. Wszystko zaczyna się w świadomości. Działamy razem, bo tak jest fajnie po prostu.

Rodzice - świat, czyli porozumiewanie się

W zasadzie dobre porozumiewanie się ze światem zawsze ułatwia życie. Nie można przecenić dobrego odbioru przez otoczenie naszych intencji, wypowiadanych słów, czy działań. Oczywiście równie przydatne jest odbieranie zgodnie z zamierzeniami innych ludzi. Czyż świat nie byłby lepszym gdyby wszyscy dobrze się rozumieli i w sposób komunikatywny wyrażali swoje myśli, pragnienia? A słowa odzwierciedlały myśli i były odbierane bez przesłony emocji, lęków i kompleksów?

Wiem, wiem w ten sposób porozumiewać się będziemy w niebie. Ale w doczesnym życiu też warto popracować nad udoskonaleniem swojej komunikacji ze światem. Umiejętności tego typu przydadzą się to nie tylko w relacjach zawodowych, społecznych, ale szczególnie w rodzinie. Dzieci dorastają, przechodzą przez kolejne etapy rozwoju, nie za bardzo radząc sobie z burzą hormonalną. Ułatwianie sobie życia poprzez wzajemne zrozumienie jest jak najbardziej wskazane.

Metamorfozę w tej sferze najlepiej rozpocząć od sprawdzenia w jakim stylu prowadzimy rozmowę. Jak zwracamy się do domowników? Rodzicom nierzadko zdarza się używać trybu rozkazującego. Stosują go zazwyczaj wobec dzieci, chociaż z rozpędu przenoszą na innych. Ów sposób wydaje się odpowiedni, ponieważ kojarzy się ze skutecznością, szybką interwencją, która porządkuje życie w domu. Na początku zwykle przynosi pożądane rezultaty, po jego zastosowaniu bójki kończą się a kłótnie wyciszają. Sytuacja wydaje się opanowana. Rodzice zadowalając się nadspodziewanie szybkim efektem swojego głosu, przestają szukać innych rozwiązań. Natomiast dzieci uodparniają się z czasem na ostry, jednoznaczny ton. Rozkaz nie wywołuje u nich już takiej reakcji, jak poprzednio. No cóż; dzieci nie są żołnierzami. Nasze pociechy zwyczajnie wyłączają się, przestają słyszeć.

Oskarżenia, niepoparte faktami, to następny sposób porozumiewania się z innymi. Właściwie wynikają z przypuszczeń, doświadczeń życiowych, czasem fantazji. Dzieci, szczególnie młodsze w po takich oskarżeniach są na straconej pozycji. Dorosły kategorycznie demonstruje swoje racje. Najbezpieczniej wtedy przyjąć konsekwencje, bo jest za słaby, by się przeciwstawić swoje racje. Co innego nastolatek. Groźny, przysposobiony w argumenty, nowoczesne słownictwo i wiedzę. Z buzującymi hormonami, takimi ładunkami emocji, że energia płynąca z nich jest w stanie oświetlić spore osiedle. Nie wiadomo kiedy zaczynają się takie spory i nie wiadomo jak je zakończyć. Jednakże tutaj winę ponosi dorosły, ponieważ to on dominuje i odpowiada za rodzinę. Nie zawsze jest łatwo odróżnić niepotrzebne słowa od koniecznych. Czasem mocniejsze sformułowania są niezbędne. Ale można wcześniej, zanim wpadniemy w trans próbować odwrócić sytuację. I wyobrazić sobie, jak by to było, gdyby nas oskarżono o coś bez zapewnienia możliwości obrony, i jak czulibyśmy się w takiej sytuacji. A jak naprawić wyrządzoną krzywdę. W dziecku po tego typu pomówieniach odzywa się poczucie niesprawiedliwości. A jeśli w konsekwencji zostaje niesłusznie ukarane – to jego serce powoli zamyka się. Do rodziców ma żal a naturalna radość życia przygasa.

Równie złe rezultaty przynosi publiczne zawstydzenie, groźby, przekupywanie i szantaż. Chyba nie zdajemy sobie sprawy, że tak traktujemy dzieci. Pewnie nie widzimy u siebie stosowania tego typu metod. Ale czymże jest naśmiewanie się z dziecka przy kolegach, że nie umie czegoś zrobić. Albo opowiadanie historii z wczesnego dzieciństwa o tym jak nie umiał siadać na nocniczek. A jak inaczej określić sugerowanie dziecku, że jak nie nauczy się wiersza, to nie pójdzie na mecz, lub wręcz przeciwnie dostanie określoną sumę pieniędzy. W zasadzie rodzice niejednokrotnie nie zdają sobie sprawy, że wypowiadają się w tak kategoryczny sposób. Ale też nie zauważają ich negatywnych konsekwencji. A te działania wynikają z wypowiadanych słów i sposobu w jaki się mówi.

Chcę zwrócić uwagę na jeszcze jeden z pozoru błahy zarzut rozmowy.... A mianowicie, o przerywanie wypowiedzi innym. Nie tylko jest to niegrzeczne, ale też denerwuje rozmówcę, wybija z rytmu powoduje gubienie przez niego wątku. Dziecko w naturalny sposób przejmuje styl rozmowy, zachowania dorosłych. W przyszłości najprawdopodobniej go powieli. Poza tym jeśli nie sprecyzuje myśli i nie wypowie ich precyzyjnie, to nie będzie wiadomo, co skrywa jego serce i w czym trzeba pomóc. Nierzadko jest to przyczyną nerwic. O innych aspektach przerywania pisałam w poprzednim podrozdziale.

Zauważmy, że na co dzień za bardzo nie wsłuchujemy się w wypowiadane przez siebie słowa, raczej koncentrujemy się na ich skuteczności. Zdecydowanie większy nacisk kładziemy na przekazanie informacji, aniżeli na sposób w jaki to robimy. Proponuję zacząć przysłuchiwać się w jaki sposób rozmawiamy ze sobą. Jakich używamy słów a jakiego tonu. Wiadomo, gdy zaczniemy się koncentrować na tym, to wypadniemy zupełnie nieźle, albo nawet wzorcowo. Ale proponuję zastosować inne rozwiązanie, które może wydawać się drastyczne. Jednak, proszę mi wierzyć, przynosi dobre skutki, czyli nagrywanie. Wystarczy zostawić włączony magnetofon i nie przejmować się nim, najlepiej zapomnieć. A później, najlepiej na osobności, odsłuchać i zwrócić uwagę na wspomniane aspekty. Nagranie może nas zaskoczyć.

Pewna pani opowiadała, że kiedyś dzieci nagrały gdy na nie krzyczała. Wcześniej sprowokowały ją do ostrzejszej reakcji. Nazajutrz, przy deserze włączyły magnetofon. Kobieta na szczęście była w lepszym nastroju, po wysłuchaniu nagrania nie mogła uwierzyć, że to ona tak wrzeszczy, przeklina i wścieka się. Najzwyczajniej nie miała pojęcia, że z zewnątrz to tak wygląda. W swoim mniemaniu była osobą łagodną, cierpliwą i pełną ciepła. Przeżyła prawdziwy wstrząs. Gdy ochłonęła, zaczęła korygować zachowania. Choć jak przyznała, nie było to łatwe. A odejście od niektórych nawyków okazało się nawet bolesne. Zmiana przyzwyczajeń nigdy nie jest prosta, ale najważniejsze by zakończyła się sukcesem. Na szczęście w konsekwencji przynosi dużo pożytku. Ułatwia wprowadzenie harmonii ładu w rodzinie.

Niezwykle istotne w komunikacji jest precyzyjne formułowanie myśli, klarowne przedstawienie własnego stanowiska. Właściwie trudno odgadnąć dla czego osoba XY zakłada, że wypowiadając lakoniczne zdanie – otoczenie bezbłędnie odczyta jego przesłanie, pozna intencje i pozytywnie się ustosunkuje. Wśród dorosłych może co jakiś czas udawać się porozumiewanie w ten sposób. Szczególnie kiedy rozmówcy znają się od dłuższego czasu i rozumieją istotę rozstrzyganego problemu.

Ponadto bogaci są w doświadczenia a w razie wątpliwości zawsze mogą dopytać. Jednakże z dziećmi sprawa wcale nie jest oczywista. Częstokroć nie rozumieją przekazu a dorośli na czole nie mają wypisanej sprawy. Dlatego nawet, jeśli wydaje się nam, że wszystko jest jasne to i tak warto sprawdzić, czy zostaliśmy odpowiednio zrozumiani. Wystarczy po wypowiedzeniu swojej kwestii zapytać, czy wiesz o co mi chodzi? Jeśli rozmówca powie coś niezgodnego z naszą intencją, to znaczy że źle zrozumiał wcześniejszy przekaz. Wówczas trzeba doprecyzować. To naprawdę ułatwi życie. Z czasem będziemy coraz lepiej rozumiani. No cóż, ćwiczenie czyni mistrza.

A teraz odwróćmy sytuację. Mam namyśli słuchanie. Jest to nadzwyczaj trudna sztuka. I tak szczerze mówiąc, kto ją posiadł, to nie musi martwić się o porozumienie z innymi. O słuchaniu pisałam, dodam tylko że słuchać należy z uwagą, czyli nie wpuszczać jednym uchem a wypuszczać drugim. Lepiej nie próbować oszukiwać pociech, że słuchamy. Być może zewnętrznie świetnie markujemy zainteresowanie rozmową i wielu dorosłych nabiera się na ten chwyt. Jestem natomiast pewna, że dzieci odkryją przekręt a im młodsze tym bardziej można liczyć na to, że nas zdemaskują. Posługują się prostą sztuczką. Po skończeniu opowiadania zadają sakramentalne pytanie: O czym przed chwilą mówiłem? Gdy padnie z ust dorosłego zła odpowiedź, to na drugi raz najpierw zastanowią się, zanim otworzą swoje serce.

Na szczęście słuchanie innych z odpowiednim natężeniem również można wyćwiczyć. Na początku wymagać to będzie zdwojonego wysiłku. Począwszy od koncentracji uwagi na tym co słyszymy, patrzeć na mówiącego, reagować emocjonalnie oraz gestami, mimiką i co jakiś czas reagować słowami. Koniecznie trzeba wytrzymać, by nie wchodzić w słowa. Albo nie kończyć jego zdań.

Uważam, że umiejętność dobrego porozumiewania się jest niezbędne, by w miarę łagodnie przetrwać okres szkolny własnych dzieci. Właśnie od komunikacji zależy jakość kontaktów z innymi a tym samym radzenie sobie z różnymi problemami. Zadbajmy o nie, na pewno przyniesie to owoce.

V. Złapać byka za rogi, czyli pokonujemy lęki

O lękach napisano i powiedziano już naprawdę dużo. Zamierzam zwrócić uwagę szczególnie na te, które najczęściej przydarzają się w rodzinach, kiedy dzieci chodzą do szkoły. Z pośród długiej listy wybrałam lęki dorosłych: o dzieci, siebie, utratę miłości w rodzinie, a także wszelakie niepokoje dzieci. Do nich zaliczam lęki związane ze szkołą, niepowodzeniem, odrzuceniem. Za każdym razem zarówno rodzice oraz ich pociechy reagują inaczej. Czasem człowiek zamyka się w sobie, czasem jak nawałnica niszczy wszystko wokół. W obu przypadkach najzwyczajniej sobie nie radzi. Dlatego coś trzeba z tym zrobić, by złapać byka za rogi. Podpowiadam kilka sposobów, jak tego dokonać.

Lęk o dzieci

Mama z niepokojem wyjrzała przez okno. Zaraz po tym zerknęła na zegarek. I znów spojrzała w okno. Na końcu ulicy spodziewała się zobaczyć syna wracającego ze szkoły.

– Już powinien wrócić do domu – pomyślała – Ładna pogoda pewnie po lekcjach grali w piłkę. Starała się uspokoić myśli. Pomieszała zupę, usmażyła kotlety... nie minął kwadrans i znowu wypatrywała. Syn, czwartoklasista nadal nie wracał. Wzięła telefon, wybrała jego numer. Jeden sygnał, drugi, ...piąty. Nie odebrał.

– Pewnie nie słyszy – pocieszała się kobieta. Ale jej spokój został wyraźnie nadwyrężony. „Maryjo, przyprowadź mojego syna bezpiecznie do domu, proszę. Weź go za rękę" – modliła się. Po kwadransie zadzwonił dzwonek do drzwi.

– Jeszcze byłem w bibliotece a później graliśmy, strzeliłem bramkę.... Zawołał, ledwo przekroczywszy próg. Szczęśliwa mama ucałowała go i zaprosiła na obiad.

Znam to uczucie, sama nie raz martwiłam się, gdy dziecko na czas nie wracało do domu. Zazwyczaj w takich chwilach pomimo racjonalnych argumentów spóźnienia, serce zaczynało bić mocniej.

Lęk o dzieci jest największy dla rodziców spośród wszystkich trosk. Gdy są małe troszczymy się głównie o ich zdrowie bezpieczeństwo, rozwój. Chcemy osłonić je nawet przed złym spojrzeniem i nie ma znaczenia, że jest to niewykonalne. Kiedy przekraczają bramy szkoły, to powiększa się arsenał zagrożeń. Obawiamy się grożącego im niebezpieczeństwa z różnych stron. Począwszy od kolegów, poprzez grupę określaną mianem „złego towarzystwa", różnego rodzaju uzależnień: od nikotyny, alkoholu, narkotyków, dopalaczy, gier. Wymieniłam najbardziej popularne obawy. Doliczyć do nich trzeba kłopoty w nauce, albo w relacjach z nauczycielami, czy w domu. Nierzadko sen z oczu spędza drastyczna dieta dojrzewających córek, albo „pakowanie" na siłowni i zażywanie przez synów specyfików niewiadomego pochodzenia. A sekty? O nich nie wolno zapominać, każdego roku zbierają wielkie żniwo. Co zrobić, by nie zostać przygniecionym odpowiedzialnością? Wszak dzieci zostały podarowane nam przez Boga. Jesteśmy za nie odpowiedzialni. Wydaje mi się, że najlepiej zbyt dużo nie rozpamiętywać. Nie podpierać się wyobraźnią i nie filozofować na temat co może się zdarzyć, gdyby....Życie mija szybko. Żadna minuta już nie powróci. Dlatego odważnie bez zbędnej obawy realizujmy plan dnia. Bardzo pomaga mi świadomość, że skoro Bóg podarował mi dzieci, to z pewnością wspiera mnie w ich wychowaniu, przysposabianiu do życia. W końcu On zna moje ograniczenia i słabości. Poza tym z pewnością wyposażył mnie w cechy oraz odpowiednie umiejętności, abym poradziła sobie z tym wyzwaniem. Opisywana na początku rozdziału mama mogłaby spokojnie dokończyć obiad, wkalkulować półgodzinne spóźnienie i dopiero po upływnie dodatkowych trzydziestu minut wyjrzeć przez okno, i ewentualnie dzwonić. W ten sposób sporo czasu minęłoby jej w spokojnej atmosferze.

Rodzicie powinni zachować czujność, by w razie kłopotów mogli odpowiednio zareagować. A rodzicielskie doświadczenia z każdym rokiem coraz bardziej uzdalniają do właściwego działania. Aby uporządkować strachy, dobrze jest spisać wszystkie niepokojące sprawy, wyliczyć kłopoty, które budzą największe obawy o dzieci.

Następnie należy je zhierarchizować (bo przecież wszystkie nie posiadają takiej samej wartości), uporządkować od najtrudniejszej, najważniejszej po najmniej istotną. Może nas zdziwić jak często do kłopotów o małej randze przykładamy dużo starań i odwrotnie. Kolejnym krokiem jest zdobycie wiedzy na temat zagrożeń z listy. Dla przykładu, sprawdzić czym może charakteryzować się osoba zażywająca narkotyki? Jakie są wówczas objawy? Gdzie w razie potrzeby trzeba udać się po pomoc? Oczywiście, o ile taki problem mamy w spisie. Wiedza niesłychanie ułatwi życie w rodzinie, ponieważ każdej niezrozumiałej zmianie zachowania nastolatka nie będziemy przypisywali podejrzeń o narkotyki. A sami nie spanikujemy.

Jestem przekonana, że najważniejsze jest wzajemne zrozumienie, zaufanie do siebie, dobry kontakt w rodzinie oraz przekonanie, że wszyscy czują się kochani. Być może nie zastanawiamy się nad tym, przecież wydaje się to oczywiste. Rodzina kojarzy się z miłością. W atmosferze miłości połowę lęków można wyrzucić przez okno. W takim domu dzieci opowiadają o swoich kłopotach i wspólnie poszukuje się rozwiązania. Ta pewność, pewność, że jest się kochanym, daje siłę do zmagania się ze światem.

Kolejna doza zmartwień obejmuje kwestie utrzymania rodziny, zapewnienie godziwych warunków do przeżycia i rozwoju. Świadomość pozbawienia finansowej stabilizacji niejednego przygniotła a zaistniała sytuacja materialnej destabilizacji rodziny niejednego zniszczyła. Może dlatego symptomem naszych czasów jest pracoholizm. Praca, praca, praca.... Tak bardzo pochłania umysł i serce, że powoli zapomina się o ideałach, które kiedyś przyświecały. Właściwie to funkcjonuje się poza domem. Problemy osobiste domowników nie są w stanie przebić się do zapracowanych ojców i matek. Oczywiście, czasem nie ma innego wyjścia i trzeba zapracowywać się, by opłacić rachunki, kupić lekarstwa, mieć na jedzenie. Ale w wielu przypadkach można inaczej ułożyć sobie życie.

Lęk o siebie

Lęk o siebie ma źródło w braku pewności siebie oraz w braku wiary w Boga. Boimy się o nasz wizerunek w oczach innych ludzi.

Zależy nam na tym, co oni powiedzą, jak ocenią naszą postawę. Nawet nie zdajemy sobie sprawy, że nasze życie mija na realizowaniu czyjejś wizji. Niestety za naszą zgodą. Nie można do tego dopuścić, ponieważ konsekwencją poddania się dominacji innych jest życie w kieracie a nie na wolności. Natomiast brak wiary w Boga, nie wiąże się wyłącznie z ateizmem, ale ze słabą realizacją Jego woli. Nie zgadzając się z Jego wolą, szukamy własnych rozwiązań z różnym skutkiem. Łączy się z tym niepewność, albo zagubienie.

Być może to spore uogólnienie, ale wydaje mi się, że trzeba jakoś wystartować, by na końcu zmienić swój status a także odważnie spoglądać w przyszłość.

Lęki o utratę miłości w rodzinie

Kochać i być kochanym. Czyż nie po to zakłada się rodzinę? Miłość daje poczucie bezpieczeństwa, pewności siebie i wiary, że świat należy do nas. O utracie miłości albo w ogóle się nie myśli, albo panicznie tego obawia. Być może takie obawy wynikają ze złych doświadczeń z młodości, albo są irracjonalne. Ale jeżeli mamy uzasadnione podstawy do zaniepokojenia, to jak najszybciej trzeba rozpocząć działania w celu uzyskania poprawy sytuacji. Najlepiej zacząć od razu.

Kataklizmy, wojny...

Dzisiejszy świat można zamknąć w telewizorze, albo komputerze. Niezwykle łatwo dowiedzieć się o przerażających morderstwach, porwaniach, pożarach, powodziach. Wojna pokazywana jest niemal codziennie. Nie sposób o tym nie myśleć. A może właśnie trzeba zaprzestać rozważań o klęskach i końcu świata. A jeśli nie da się tego zrobić ot tak, to na początek należy wyłączyć telewizor.

Z lękiem trzeba nauczyć się żyć. Czasem jego działanie jest pozytywne dla organizmu, gdyż podnosi poziom adrenaliny, mobilizuje też do działania, wyciąga z marazmu i nudy. Naprawdę można poczuć, że się żyje. Jednak z drugiej strony stres zwiększa poziom agresji, pod jego wpływem myśli stają się niejasne. Trudniej podjąć dobrą decyzje, czy znaleźć odpowiednie rozwiązanie. W rezultacie pogarsza się atmosfera w domu. Dlatego koniecznie trzeba zdawać sobie sprawę z tego typu uwarunkowań, wtedy łatwiej można nad wszystkim zapanować.

W następnym rozdziale „Ponad pół setki sposobów na przetrwanie" podaję metody radzenia sobie ze stresem.

Lęki dzieci

Aby czas uczęszczania dzieci do szkoły nie napawał nas bólem głowy, to musimy nauczyć się radzić sobie także z lękami dzieci. Najważniejsze, by odpowiednio na nie reagować. Przede wszystkim nie powinno się przejmować emocji dzieci, ich złości, niepewności, chaosu. My – dorośli musimy zaprowadzić spokój w ich skołatanych głowach, niejako położyć pomost nad kłopotami, po którym będą mogły przejść.

Pewna dziewczynka wróciła ze szkoły z płaczem. Śmiały się z niej koleżanki. Nie chciała iść następnego dnia na lekcje. Mama najpierw uspokoiła córkę. Zjadły obiad, później deser. Dziewczynka opowiedziała co się wydarzyło. Wyznała dlaczego nie chce nazajutrz iść do szkoły. Mama przytuliła córeczkę. Razem zastanowiły się co można zrobić, by odważyła się spotkać z koleżankami. Po kilku godzinach ona sama oceniała, że właściwie da radę rozwiązać konflikt. Nie był on już tak duży jak wcześniej się wydawało.

Najważniejsze, że dziewczynka nie pozostała sama z problemem. Matka pomogła jej spojrzeć z zewnątrz na sprawę, odebrała nieco ładunku emocjonalnego i wówczas cała sytuacja okazała się łatwiejsza, możliwa do udźwignięcia przez dziesięciolatkę.

Lęk przed szkołą

Dzieci boją się nowej szkoły, dlatego lepiej nie straszyć nią przyszłych adeptów. Rodzice także nie powinni się jej obawiać. Przede wszystkim dlatego, by nie przekazywać swoich lęków dzieciom. One przejmują obawy rodziców niejako przez komórki i wcale nie potrzeba im naszych słów, wystarczy niewyraźne spojrzenie, albo zmieniona intonacja głosu. Raczej należy wzmacniać poczucie pewności siebie, dodając, że wraz z rozpoczęciem edukacji otrzymuje się także pewne przywileje. Ponadto gdyby szkoła miała złą prasę, to z pewnością nie zapisywalibyśmy tam dziecka. Opisałam zwykły lęk przed szkołą pierwszoklasistów, czy to szkół podstawowych, czy o wyższym poziomie. Ale istnieje też fobia szkolna, czyli strach wynikający z innych przyczyn, niż nowe miejsce. Objawia się różnymi symptomami fizjologicznymi, wtedy należy udać się po pomoc do specjalisty.

Lęk przed niepowodzeniem

Są dzieci, które bardzo mocno obawiają się porażki. Ale wydaje mi się, że znacznie bardziej konsekwencji tego niepowodzenia. Ciekawe dlaczego? Nie zawsze taki lęk wynika ze złego traktowania w domu, czy z błędów wychowawczych rodziców. Taka postawa może też wiązać się z małą pewnością siebie, wynikać z powodów zdrowotnych, lub małej zdolności do wysiłku, albo jeszcze z innych. Dzieci obawiające się porażki nie zgłaszają się podczas lekcji i nie proszą nauczyciela o dodatkowe wyjaśnienia. Bardzo często odczuwają strach, gdy muszą coś głośno odczytać przed całą klasą, czy rozwiązać zadanie przy tablicy. Zwykle też nie chcą brać udziału w rozmaitych imprezach, nie tylko szkolnych. Mają mnóstwo wymówek: ból głowy, brzuszka, albo dla odmiany napady złości.

Zazwyczaj nie uczestniczą w konkursach, zabawach grupowych, żeby w razie niepowodzenia nie zostać wyśmianym.

Co możemy zrobić? Sporo. Przede wszystkim należy przekonywać je, że w popełnianiu błędów nie ma nic strasznego. Wręcz przeciwnie, to coś zupełnie naturalnego i dotyczy każdego człowieka. Najlepiej od najmłodszych lat skupiać uwagę na wysiłkach dziecka i doceniać wkładany przez nie trud, zaś efekt końcowy nie powinien być głównym celem naszej uwagi.

Nie ulegać presji otoczenia w podejmowaniu decyzji dotyczących zajęć dziecka. Nie zamęczać go różnymi kursami, albo dodatkowymi lekcjami ...Nie porównywać zdolności własnych dzieci z kolegami z klasy. To podcina skrzydła i poniża.

Uczyć dziecko pokonywać strach, ale nie tylko przed klasówką. Taki lęk blokuje umysł i później nie można przypomnieć sobie zdobytej wiedzy. Sprawdza się utrwalanie postawy pewności siebie, poprzez wprowadzenie do słownika sformułowań „wiem to", „poradzę sobie". Stosując pozytywne wzmocnienia, pochwały, okazywanie dumy z jego osiągnięć przyniesie pożądane efekty.

Wstawiać się za dzieckiem u nauczyciela, niech ono zobaczy, że jesteśmy po jego stronie.

Polecam uczyć dziecko przygotowywania się do trudnych sytuacji, o ile może się takich spodziewać. Chodzi o oswajanie przede wszystkim z tymi, które budzą lęk. W domu powinno się wypracować procedury, według których dziecko będzie postępować w razie potrzeby. Zminimalizują one poziom zagrożenia i uspokoją zarówno pociechę i nas.

Z pewnością nie warto wymuszać, by próbowało czegoś, czego się boi. Sugeruję, by nie przywiązywać zbyt wielkiej wagi do otrzymywanych ocen, raczej trzeba być do dyspozycji dziecka, kiedy potrzebuje pomocy podczas odrabiania lekcji.

Lęki różnorakie

Lęki różnorakie wynikają z sytuacji, w których dziecko się znalazło. Do nich zaliczyć można choćby konflikty z kolegami, lęk przed przemocą w szkole, czy w domu. Wymuszają one zarówno u młodszych i dojrzewających dzieci różne zachowania: obgryzanie paznokci, kłamstwa, milczenie, albo gadatliwość, spędzanie mnóstwa czasu przed komputerem, lub telewizorem, agresję, płaczliwość, nerwowy śmiech.

Lęk przed utratą miłości rodziców

Jednak najsmutniejszy z lęków u dziecka, to trwoga przed odrzuceniem, przed utratą miłości rodzicielskiej. Jak to, przecież miłość w rodzinie jest tak oczywista jak słońce w pogodny, letni dzień. Dzieci rozwijają się, ich emocje są rozchwiane a postrzeganie świata zupełnie odbiega od naszego. Zdarza się, że zachowania dorosłych interpretują niezgodnie z intencjami rodziców. Wyciągane przez nich wnioski nierzadko zadziwiają i przerażają jednocześnie. Aby unikać a przynajmniej zminimalizować nieporozumienia, to trzeba w miarę systematycznie rozmawiać ze sobą. Nie tylko o tym co się wydarzyło w szkole, ale o wszystkim. Począwszy od zainteresowań dzieci, miłych sytuacji, kłopotów, o marzeniach, z dziewczynami o modzie a z chłopcami o sporcie, samochodach, albo o polityce. Mężczyźni w domu mogą też czasem pogadać o kobietach. Zaobserwowałam, że częstym tematem rozmów jest szkoła, czyli oceny, zaliczenia, składki, ewentualnie koledzy. Oczywiście to ważne sprawy, ale nie warto od nich zaczynać.

Mam nadzieję, że opisane lęki towarzyszące rodzinom można w pewnym stopniu zmniejszyć. A przede wszystkim zauważyć je i oswoić. Dlatego zdecydowanie bardziej polecam podchodzić do nich nie jak do potwora z Loch Ness a raczej jak do wierzchowca, którego można ujeździć. Zmienia się wówczas nastawienie a tym samym jakość działania. Powodzenia.

VI. Ponad pół setki sposobów na przetrwanie

Okres, w którym dzieci chodzą do szkoły jest zarówno wymagający i wyjątkowy. Odzywają się wspomnienia z krainy młodości i beztroski, niejako cofamy się w czasie, młodniejemy. Z drugiej strony towarzyszymy dzieciom w ich edukacji, w zmaganiach dorastania, w odkrywaniu świata i poznawania ludzi. Czas szkoły naszych dzieci wcale nie jest krótki, szczególnie, gdy w domu jest więcej potomstwa. Dlatego warto dobrze przygotować się i w miarę możliwości spokojnie go przeżyć.

W poprzednich rozdziałach omówiłam rożne kwestie z tym związane. Natomiast teraz prezentuję pomysły, które moim zdaniem stabilizują sytuację w rodzinie. W pierwszej części opisuję sposoby zadbania o nas - rodziców. W drugiej podpowiadam, jak można pomóc dzieciom w tym czasie, by lepiej sobie radziły. W kolejnym znajdą się pomysł dla całej rodziny.

My - rodzice, zadbajmy o siebie

Pasja

Właśnie od pasji chcę rozpocząć. Dla każdego pasja to jest coś innego. Ale pasja, hobby, konik ... mania, w rozmaity sposób nazywa się to zajęcie, wiąże się z mocnymi przeżyciami i wywołuje gwałtowne, dobre uczucia. Tak, tak, jakże bowiem inaczej określić: zauroczenie, namiętność, zaślepienie, żar, entuzjazm, gorliwość. Podczas takich doznań na pewno nie można się nudzić a z pewnością skutecznie oderwą nas od codzienności. Po prostu są silne i nietuzinkowe. Ta impulsywność wpływa na poziom adrenaliny i wyostrza spojrzenie. Nie trzeba obawiać się, że pochłonie zbyt wiele czasu, którego i tak mamy niewiele. Wszystko zależy od dobrej organizacji oraz umiaru. Jeśli tego typu zaangażowanie umieścimy na odpowiednim miejscu w naszej hierarchii wartości, to nie ma czego się obawiać. Być może wydaje się nam, że na hobby przyjdzie czas w przyszłości, gdy dzieci wyprowadzą się z domu, albo dopiero na emeryturze. Ale jestem przekonana, że wtedy również inne powody staną na przeszkodzie, które skutecznie od tego odwiodą. Dlatego namawiam, by pasji nie odkładać na bliżej nieokreślony termin, nie odwlekać.

Sport

Naprawdę warto się ruszać i wyjść z domu. Sport nie powinien kojarzyć się wyłącznie z kibicowaniem przed telewizorem z torebką chipsów, albo popcornem i piwem. Dla mnie szczególnie bliskie jest bieganie. Już w młodości wybiegałam na dłuższe trasy. Później, z racji urodzenia dość sporej gromadki, miałam przerwę. Ale znów wychodzę pobiegać. Uwielbiam to! W czasie treningu relaksuję się, dotleniam, nabieram kondycji i odporności. A na trasie zostawiam różne problemy i zdenerwowanie. Zdarzało mi się najpierw wyjść na bieganie po powrocie z wywiadówki a dopiero później rozmawiać z dziećmi. Albo odwrotnie, gdy szykowało się nieprzyjemne spotkanie w szkole, to biegałam wcześniej. Zauważyłam, że dzieci a szczególnie nastolatki doceniają rodziców uprawiających sport. Co jakiś czas zaczepiają mnie matki kolegów moich dzieci mówiąc, że syn każe biegać podając mnie za przykład. Nie spodziewałam się takiego efektu moich sportowych wyczynów.

A może to będzie pływanie? Moja córka wracając z basenu opowiada, że panuje tam nadzwyczajna atmosfera. Na pływalni czuje się bezpiecznie. Ludzie w różnym wieku uczą się pływać a inni doceniają nawet najmniejsze postępy.

Jest tak wiele dyscyplin sportowych, że naprawdę można znaleźć coś dla siebie. Na sport stawiali już starożytni, mówiło się w zdrowym ciele zdrowy duch. Jednak chcę uczulić na zdarzające się kontuzje, szczególnie częste, gdy dorośli rozpoczynając swoją przygodę ze sportem, zapominają że młodzieńcza sprawność przeminęła i trzeba ją znowu pozyskiwać odnowa. Dlatego na początku proponuję spokojnie wchodzić wybraną dyscyplinę.

Kibicowanie

Wspieranie swojej drużyny, lub zawodnika może stać się naprawdę miłym sposobem spędzania czasu. Wszak nie każdy może startować w zawodach. Wprawdzie wiele niepochlebnych opinii napisano o kibicach, szczególnie footballu. Niech te negatywne głosy nie zrażają. Znakomite efekty przynosi dopingowanie dzieciom podczas szkolnych konkurencji. Z wdzięcznością wspominam wspieranie biegaczy. Na każdym maratonie są kibice, mają wymalowane transparenty, instrumenty perkusyjne dla wzmocnienia efektu, czasem tuby, bębny, gwizdki, flagi. Kibicują wszystkim zawodnikom na trasie nie tylko swoim, przemieszczają się, by zobaczyć kilka razy własnego faworyta. Widać, że dobrze się bawią, rozpiera ich energia. Są wspaniali. Zdecydowanie zachęcam to takiej formy aktywności.

Kultura (teatr, film, książka)

Co jakiś czas warto wybrać się do kina, albo do teatru. Ale też można zaangażować się w jakiś teatr amatorski w roli aktora, albo kostiumologa, reżysera, oświetleniowca. Naprawdę znajdzie się sporo zajęć podczas przygotowania premiery. Jeżeli nie ma takiego w okolicy, to dlaczego by nie założyć i przygotować spektakl. Wiadomo, że występy na scenie dodają pewności siebie. Skłaniają do zadbania o siebie, poprawy postawy, czy sposobu poruszania się. Wcielenie się w rolę pozwoli odkryć zarówno siebie, ale też odgrywaną postać, co z pewnością nie pozostanie bez znaczenia.

Nie wiem czy teraz tak chętnie czyta się książki, jak dawniej? Wydaje mi się, że raczej mniej. Być może wynika to z braku czasu. Życie niesamowicie przyspieszyło. Poza tym książki są drogie, ale na szczęście nadal istnieją biblioteki. Zachęcam też do dyskutowania o przeczytanym dziele, w tym celu przyda się utworzenie klubu, by móc spotykać się co jakiś czas i podyskutować.

Spotkania towarzyskie

Spotkań towarzyskich nie trzeba reklamować. Najważniejsze, by przynosiły więcej radości i śmiechu niż wydatków.

Podróże

Podróże wcale nie muszą być kosztowne. Chociaż głównie kojarzą się z wydatkami, zmęczeniem, poznawaniem nowych miejsc i ludzi. Wszelkie wyjazdy dobrze wpływają na życie w rodzinie. Jednak chcę zachęcić do wybrania się co jakiś czas w podróż nieuporządkowaną, trochę bez celu. Wcale nie musi ona trwać długo. Wystarczy odrobina fantazji, w razie potrzeby można wcześniej zapewnić sobie noclegi a później bez celu włóczyć się dokąd oczy poniosą. Taka małżeńska wyprawa z pewnością będzie romantyczna. A może podjechać jakiś odcinek trasy autostopem? Zachęcam do odbycia podróży w niecodziennym stylu. Niektórzy po latach znów wybierają się pod namiot. Przemierzają nieznane okolice a gdy zapada zmierzch rozbijają namiot i wcale nie przeszkadza im siwy włos na skroni.

Sprzątanie domu

Gruntowne porządki dobrze działają na nerwy zupełnie jak środki uspokajające. Ta metoda jest znana od stuleci i często stosowana. Zazwyczaj wykorzystują ją kobiety w celu wyładowania złych emocji. A przy okazji dom pachnie i lśni. Okazuje się, że sposób jest nie tylko skuteczny, ale też praktyczny. Matka staje się spokojniejsza, chyba że od razu dzieci wejdą w brudnych butach, albo w kuchni rozleją olej.

Rozmowy z przyjaciółką – telefon

Dobra metoda, ale nie zawsze należycie doceniana przez mężczyzn. A szkoda, bo trudno się jej oprzeć. Właściwie to można rozmawiać i rozmawiać...

Makijaż i zakupy

Bezwzględnie należy stosować. Robienie makijażu przynosi znakomite efekty: poprawia się przecież niedociągnięcia urody, pozwala nie tylko oderwać się na chwilę od zajęć, ale też przenieść jakby w inną rzeczywistość. A zakupy? No cóż... od lat pomagają szybko poprawić humor. Szkoda, że są kosztowne.

Taniec

Taniec nie musi od razu kojarzyć się z wyjściem na bal, lub dyskotekę. Raczej mam myśli taniec dla siebie, może w zaciszu domowym, na łonie przyrody, gdziekolwiek. Podczas tańca ciało wykonuje płynne ruchy. Umysł zapomina o powszedniości, wysyła troski w niebyt. Tańcząc nie można nie być piękną. Rytmy muzyki zabierają świadomość do innych miejsc, pozwalają ulecieć...Kobieta naprawdę czuje się wtedy bardzo kobieco i to uczucie pozostaje. Tańczy dla siebie, może dla kogoś, poddaje się tańcowi. W dzisiejszej dobie organizuje się wiele kursów tanecznych dla par, ale także wyłącznie dla kobiet. Nie zabierają one zbyt dużo czasu. A przy okazji odkrywa się tajniki sztuki tańca i w razie jakiejś zabawy pozwala na fantastyczne odnalezienie się na parkiecie.

Blogowanie

Blogowanie, to novum naszego tysiąclecia. Niektórych odpręża pisanie i powierzanie swoich przemyśleń internautom. Jest to niedrogi sposób, ale bardzo wciągający. Dlatego polecam czujność.

Zrobienie czegoś niecodziennego

– Tak bardzo chciałabym... zrobić coś niecodziennego, szalonego – usłyszałam od koleżanki. – To dlaczego tego nie robisz? – zapytałam. – Bo co powie... – i tu wymieniła całą listę osób, których opinii się obawia. Poza tym dodała, że jest poważną kobietą, bo ma już dzieci i swoje lata.

No cóż, lat jej nie ubędzie, ale dlaczego szalone przedsięwzięcia mają być przypisane wyłącznie młodym i samotnym osobom? Wydaje mi się, że zrobienie czegoś niecodziennego jest potrzebne. Nie mam na myśli wyłącznie dokonań typu: skoku ze spadochronem, z mostu na bungee, kąpieli w przeręblu w środku zimy, czy przepłynięcie kanału La Manche. Jednak coś niezwykłego, o czym w skrycie się marzy a co uskrzydli i zmobilizuje do działania w pozostałych sferach. Nie ma sensu oglądać się na innych, ponieważ zawsze znajdzie się ktoś, komu się nie spodoba. Ale przecież to ma podobać się nam!

Ogrodnictwo

Niektórzy lubią uprawiać ziemię. Działka jest dla nich prawdziwą odskocznią, relaksem i sposobem na fizyczne, zdrowe zmęczenie. Dodatkowym walorem są zbierane plony oraz spędzanie mnóstwa czasu na świeżym powietrzu, to naprawdę dobre miejsce na odpoczynek. Inną odmianą jest pielęgnowanie roślin doniczkowych, lub balkonowych.

Żeglowanie, kajaki, wędkowanie

Spędzanie czasu nad wodą jest niezwykle relaksujące. Wprawdzie nigdy nie rozumiałam wędkarzy, ale wystarczy na nich spojrzeć, by zorientować się, jak bardzo służy im to zajęcie. Poza tym mam wrażenie, że mają w sobie sporą dozę cierpliwości. Być może to jest jakiś pomysł na wyrobienie sobie tej cechy, kiedy jej brakuje. Żeglowanie wymaga nieco więcej nakładu finansowego, ale jeśli ktoś ma fantazję i ochotę, to przecież może wybrać się w rejs po morzach i oceanach. Istnieją takie możliwości, wcale nie trzeba być właścicielem jachtu.

Spływy kajakowe stają się coraz bardziej popularnym sposobem spędzania czasu. Łatwo wypożyczyć kajaki, wynająć przewodnika i miło spędzić czas. Trasę spływu również można dostosować w zależności od umiejętności oraz zamiłowań uczestników. Wystarczy wybrać albo spokojną rzeczkę, albo jezioro, choć niektórzy wolą górskie wody. Wydaje mi się, że jest to ciekawy sposób na odzyskanie spokoju i na miłe spędzenie czasu, no chyba że trafi się burza na jeziorze.

Majsterkowanie i inne robótki ręczne

Tego rodzaju zajęcia mobilizują do skupienia, chociaż przy robieniu na drutach, czy haftowaniu można rozmawiać, lub oglądać telewizor. Ponadto wymagana jest precyzja i cierpliwość, w trakcie realizacji zadań z tej dziedziny owe cechy z pewnością rozwijają się. Do nich zaliczyć można jeszcze modelarstwo, szycie, szydełkowanie i jeszcze inne dziś nieco zapomniane umiejętności.

Gry

Zaliczam to tej dziedziny wszystkie rodzaje gier, zarówno: planszowe, karciane, komputerowe, terenowe, no może wyłączając kasyno, ponieważ nie popieram hazardu.

Muzyka

Granie na instrumentach, słuchanie muzyki w domu, w filharmonii, w operze. Mówi się, że muzyka łagodzi obyczaje. Z pewnością w młodości wielu marzyło o karierze na scenie muzycznej. Dlaczego do tego nie powrócić? Aby spełnić te marzenia, może wystarczy kupić gitarę i przypomnieć dawno nie grane akordy, albo nauczyć się grać na instrumencie. Pewnie, że wirtuozem już się nie zostanie, ale gwarantowane jest dobre samopoczucie i relaks.

Wystąpienia publiczne

O wystąpieniach publicznych mówi się, że budują charakter. Nie są zbyt doceniane, ponieważ w powszechnej opinii wykorzystywane są głównie przez polityków, kapłanów, bądź innym do celów zawodowych. Na ten temat mam odmienne zdanie.

Otóż, czasem trzeba coś powiedzieć w szkole, w pracy, albo w innym publicznym miejscu. Odpowiednio przedstawić swoje racje, albo opowiedzieć historię. Nie wiedząc nic o mowie ciała, o sposobie konstruowania wypowiedzi nie można liczyć na spektakularny sukces. A na domiar złego zżera trema. Dlatego warto poćwiczyć. Dobrze, jeśli uda się znaleźć nauczyciela w tej dziedzinie. W przeciwnym razie trzeba próbować na domownikach i sprawdzać ich reakcje, podpatrywać w telewizji, poczytać, zdobyć wiedzę. Po pewnym czasie publiczne wystąpienia zaczną sprawiać przyjemność.

Rower

Rowery są zawsze popularne, odkąd pamiętam ludzie jeździli na rowerach. Startowali w wyścigach, dojeżdżali do pracy i na wycieczki. Ten środek lokomocji jest produkowany dla ludzi w każdym wieku. Zarówno dla maluchów, niektóre zanim zaczną dobrze chodzić, to już radzą sobie na małych rowerkach i dla starszych osób. Nastała moda na bezpieczną jazdę, buduje się ścieżki rowerowe a cyklista w kasku i ochraniaczach już nie dziwi. Rower daje naprawdę wiele możliwości.

Fotografowanie, malowanie...

Zarówno malarstwo jak i fotografia wymaga artystycznej duszy a przynajmniej tak się powszechnie uważa. Być może... Jednak to nie powinno powstrzymywać przed wyrażaniem siebie w ten sposób, tylko dlatego, że brak nam talentu Van Gogha, czy innego mistrza. Malować naprawdę może każdy, by w ten sposób przekazać światu swoje myśli i uczucia. Nie każdy obraz musi iść do muzeum. Odwagi!

Do fotografii nie trzeba specjalnie zachęcać. Zdjęcia robi się w różnych sytuacjach. Aparat zwykle zawsze znajduje się pod ręką, teraz prawie każdy telefon jest w niego zaopatrzony.

Realizowanie marzeń

Marzeń nie powinno się odkładać na bliżej nieokreśloną przyszłość, albo jeszcze gorzej – zapomnieć o nich. Nawet jeśli ostatni raz marzyliśmy we wczesnym dzieciństwie a teraz myślimy częściej o wygodnym fotelu, kapciach i kawie. To znak, że właśnie dziś trzeba złożyć postanowienie, że po pierwsze – przynosimy „karton z marzeniami"; po drugie – po kolei wyjmujemy i po trzecie – zaczynamy je realizować. Jeśli nie ma „starych" marzeń czekających w kolejce, to trzeba stworzyć nowe. Powodzenia.

Coś śmiesznego w torebce

Czy w torebce, albo w kieszeni nosimy coś takiego, co natychmiast wywołuje uśmiech? Jeśli nie mamy, to koniecznie trzeba schować i nosić przy sobie. Wcale nie chodzi o talizman, lecz po to, by w razie konieczności szybko przywołać uśmiech. W relacjach z dziećmi jest to bardzo ważne i potrzebne. W innych sytuacjach również się przydaje.

Historia

A szczególnie rekonstrukcje historyczne, w ostatnich latach niezwykle popularne, które w fantastyczny i przystępny sposób uczą historii i patriotyzmu. Całe rodziny przyjeżdżają, by aktywnie wziąć w nich udział, albo przyglądać się odgrywanym bitwom. Wprawdzie wymagają sporego nakładu finansowego, jednak z roku na rok obserwuje się wzrost liczby zwolenników tej aktywności. Z zewnątrz widać, że wszyscy dobrze się bawią.

Dzieci – nie tylko nauka

O dzieci musimy tak samo zadbać jak o siebie. Świadomie należy do ich planu dnia wprowadzać zajęcia, by mogły się zrelaksować, zrzucić złe emocje, odpocząć, nauczyć się czegoś, rozwijać i być szczęśliwymi. Dlatego na rodzicach spoczywa obowiązek nauczenia ich zadbania o zdrowie fizyczne, psychiczne i duchowe. W zasadzie niemal wszystkie sposoby, które zaproponowałam dla dorosłych w tym rozdziale nadają się także dla dzieci. Oczywiście powinny być odpowiednio zmodyfikowane i dostosowane do wieku pociech. Przy okazji wprowadzania poszczególnych zajęć dorośli powinni poświęcić nieco czasu na wspieranie potomka w realizowaniu niektórych pomysłów. Z niektórymi dzieci poradzą sobie bez problemu. Zupełnie spokojnie możemy zachęcać je do znalezienia własnej pasji. Ona pomaga nie tylko odpocząć, ale jak sugerują niektóre nastolatki, dają poczucie szczęścia, ponieważ mogą oderwać się w trudnych chwilach od nieprzyjemnej sytuacji a skierować uwagę i aktywność na coś, co daje radość. Warto poświęcić trochę czasu, by pomóc dziecku w znalezieniu nawet krótkotrwałego hobby. Zupełnie naturalne jest zainteresowanie młodych ludzi sportem, aktywnie się włączając w wybraną dyscyplinę, zarówno w roli kibica biernego, jak i czynnego. Chętnie też jeżdżą na rowerach, rolkach, deskach, biegają po boisku, chodzą na basen. Ruch jest naturalną aktywnością dzieci i młodzieży, ale z roku na rok coraz więcej godzin spędzają przy komputerze. Niektórzy rodzice negocjują, ile godzin przy komputerze tyle na boisku. Nawet jeśli nie uda się precyzyjnie dopełnić warunku, to i tak się opłaca.

Równie dobre są zajęcia teatralne, muzyczne, plastyczne, wszystkie związane z kulturą. Są one bardzo popularne, więc nie zamierzam ich opisywać i wszystkich wymieniać.

Obowiązki

Za to chcę zwrócić uwagę na inne zajęcia, które w pierwszej chwili nie wykazują właściwości terapeutycznych, czyli ułatwiających radzenie sobie ze stresem, kłopotami. Mam na myśli przydzielanie i egzekwowanie obowiązków dzieciom w każdym wieku. Zacznijmy od przydzielenia najprostszych funkcji. Koniecznie trzeba wyjaśnić dlaczego ważne jest, by wykonywały tę właśnie czynność. Jak skorzysta na tym cała rodzina? Być może na początku trzeba będzie przypilnować realizacji zadania. W rezultacie przejęcie przez dzieci niektórych obowiązków, zdejmie z rodziców trochę pracy, poza tym poznają, ile trudu kosztuje zwykle posprzątanie pokoju. Później bardziej docenią prace domowe wykonywane przez mamę. Poczują się potrzebne, ważne w domu. Skoro nauczą się wykonywać określone prace, to nabiorą pewności siebie a tym samym zmniejszą się różnego rodzaju obawy. A więc same korzyści. Odpowiednio dawkowane obowiązki, wcale nie zabierają dzieciństwa.

Gotowanie

W zasadzie podobne efekty przynosi nauka gotowania. Przygotowywanie posiłków, smakołyków jest naprawdę przyjemnym zajęciem. Dodatkowo godziny spędzane w kuchni są ciepłe i pachnące. W takiej atmosferze można o wszystkim porozmawiać, każdy temat wydaje się bezpieczny. Dzieci lubią przebywać w kuchni i młodsze, i starsze. Nawet się nie obejrzymy, kiedy przejmą inicjatywę w gotowaniu. A jak się to przyda w przyszłości? Nie można przecenić tej umiejętności.

Inne

Aby dzieci w miarę spokojnie przetrwały swój okres edukacji, to powinny radzić sobie z materiałem nauczania, w relacjach z kolegami, nauczycielami, w rodzinie. Szczególnie jest ważne, by umiejętnie radziły sobie ze stresem. Dokładniej pisałam o tym w poprzednich rozdziałach. My – rodzice powinniśmy nad tym czuwać i wspierać w razie potrzeby.

Zróbmy coś razem, pomysły dla rodziny

Dla uzyskania lepszej komunikacji w rodzinie i lepszej atmosfery mam jeszcze kilka propozycji.

Narada rodzinna

Narada, jak sama nazwa wskazuje to zebranie wszystkich członków rodziny i rozmawianie o różnych sprawach. Właściwie nie ma wyznaczonego wieku dzieci, kiedy należy rozpocząć takie przedsięwzięcie. Tego typu spotkania zazwyczaj podobają się dzieciom, ponieważ mają okazję wyrazić swoje zdanie i wpływać na niektóre decyzje rodziny. Narady polegają na tym, że rodzina spotyka się cyklicznie, albo sporadycznie. Wszyscy zasiadają przy stole, można przygotować jakieś ciasteczka, ale dopóki nie opanuje się sztuki rozmowy, to deser bardziej wyszukany może rozpraszać. Każdy uczestnik opowiada o tym co się zdarzyło w ostatnim czasie. Co było dla niego ważne. Zasada jest taka, że jeśli ktoś mówi, to pozostali słuchają. Nie powinno się przerywać. To chyba najtrudniejszy element do wdrożenia. Na początku niektórzy członkowie rodziny mogą wstydzić się mówić o sobie, gdy wszyscy słuchają. Zazwyczaj tłumaczą się, że nic się nie wydarzyło. Ale proponuję nie odpuszczać. Naprawdę jest to doskonała okazja, by wspólnie coś zaplanować, ustalić, zatwierdzić najlepiej poprzez głosowanie. Wówczas każdy ma wpływ na podjęte decyzje a to jest bezcenne. Z biegiem czasu dzieci czekają na te spotkania, same się o nie dopominają.

Regulamin rodziny

Regulamin rodziny powinien zostać utworzony podczas rady rodziny, gdyż zawiera on różne zakazy, nakazy, obowiązki szczególnie dla dzieci, ale też i dla rodziców. Jeśli zostaną one zatwierdzone przynajmniej przez większość członków rodziny, to wtedy będą chętniej przestrzegane i łatwiej będzie można wyegzekwować poszczególne punkty. W zależności od wieku dzieci, oczywiście ustalone zostaną odpowiednie paragrafy. Głównie chodzi o uporządkowanie życia w rodzinie. Ład daje poczucie stabilizacji, więc wspiera założenia, by dobrze przeżyć szkołę dzieci. Przez lata regulamin naszej rodziny ewoluował, choć najmilej wspominam punkty: trzeba rozśmieszyć kogoś w rodzinie przynajmniej dwa razy dziennie oraz nie wolno jeść i mówić jednocześnie. Zauważyłam, że jak dzieci same zatwierdzają propozycje regulaminu, to później nie ma większych problemów z ich przestrzeganiem.

Trening familijny, wycieczki, zabawy towarzyskie

Sporo napisałam już o sporcie. Tutaj chcę od innej strony pokazać pozytywne aspekty aktywności fizycznej. W naszej rodzinie lubimy sport, chętnie wychodzimy na pobliski stadion. Tam każdy robi co lubi najbardziej, ja zazwyczaj biegam, inni grają w piłkę, lub kometkę, ktoś skacze w dal. Dołączają do nas koledzy dzieci, albo nieznani fani aktywności fizycznej. Oprócz wypraw na stadion rodzinnie wychodzimy także na basen, albo na zawody biegowe. Nie stosujemy wobec nikogo nacisków, idą ci, którzy akurat mają ochotę. Zauważyłam, że chętnie dołączają inni sportowcy - amatorzy. Bardzo lubimy takie wyprawy. Jest to niezwykle miłe, rodzinne i czynne spędzanie czasu. Naprawdę polecam.

Do tej kategorii należy doliczyć wycieczki, rowerowe wyprawy, zabawy na śniegu, narty, łyżwy. Wymieniać naprawdę można bez liku. Chodzi o wspólne spędzanie czasu, ale najlepiej w sposób aktywny. Wtedy dzieci jak i rodzice zbliżają się do siebie.

Powrót do korzeni

Znakomicie relaksują historie rodzinne, anegdoty, ciekawe opowieści. Na pewno sprzyja temu wspólne oglądanie albumów ze zdjęciami, albo nakręconych rodzinnych filmów. Dzieci potrzebują korzeni, by mogły określić swoją tożsamość.

Jak przetrwać, gdy dzieci chodzą do szkoły i nie zwariować? Podsumowanie

Jeśli policzyć przedstawione przeze mnie pomysły, zbierze się ich ponad polowa setki. Dotyczą różnych kategorii, tak by każdy mógł wybrać coś dla siebie. Jednak w moim przekonaniu najważniejszymi z pośród nich są: realizowanie marzeń, odnalezienie pasji, entuzjastyczne patrzenie w przyszłość, no i co jakiś czas warto zrobić coś niewiarygodnego.

Szkolny etap dzieci, jest naprawdę znakomitą okazją na dokonanie rewizji własnego życia. Dotychczasowy żywot zmienia się, dochodzą nowe obowiązki, kontakty, spotkania. Do tego trzeba wspierać dzieci w ich kłopotach, rozwoju, dojrzewaniu.

Aby omawiany etap w życiu nie zapisał się bolesnymi zgłoskami dla wszystkich, to zachęcam do zweryfikowania swoich lęków, kompleksów, wspomnień, niektórych wad, do poprawy logistyki w domu. Życzę, by wieczorne spojrzenie w lustro łączyło się z sympatią dla gościa po drugiej stronie. Dlatego warto postarać się, by zmienić niektóre przyzwyczajenia i stereotypy.

Liczę na to, że moje doświadczenia przydadzą się i zostaną wykorzystane. Życzę szczęścia na każdy dzień.

Zakończenie

Wstałam rano, wypiłam kawę...Na dworze jeszcze ciemno, nic dziwnego, właśnie rozpoczynał się piękny, grudniowy dzień. Zastanawiałam się, czy robić makijaż, czy nie. W końcu przede mną trening i morska kąpiel, bryza... Jednak nie – nie maluję oczu, wystarczą paznokcie w karminowym kolorze, niestety nie miałam takiej pomadki – postanowiłam.

Już czas, plecak na plecy i w drogę. Gdy przyjechałyśmy nad morze była ładna pogoda, słońce, plaża i my. O dziewiątej wybiegłyśmy, w oddali na horyzoncie płynął statek, bliżej wirowały i śmiały się mewy. Morze raczej spokojne przywitało nas szumem, falami, śpiewem ptaków. My – uśmiechnięte biegłyśmy przed siebie. Wydmy niezbyt wysokie, plaża rozległa, nieliczni spacerowicze. Wiatr to się wzmagał, to znów łagodniał. Nieopodal stały opustoszałe budynki, niszczejące i smutne. Minęłyśmy je i biegłyśmy dalej, gdyby nie to, że pilnowałyśmy czasu, chyba nie zatrzymałybyśmy się. Stop! Musimy wracać! Wiatr przybierał na sile. Eliza zebrała muszelki dla syna, sprawdziła wodę.

– Cieplejsza niż w Głębokim! Ucieszyłyśmy się, Mijałyśmy spacerowiczów. Biegłyśmy jednostajnym tempem, dotarłyśmy do samochodu, zabrałyśmy plecaki, karimatę, aparat. I znów na plażę. Naprawdę szybko zrzucamy ubrania, jeszcze kilka przebieżek i gdy miałyśmy już wejść do wody poprosiłyśmy przygodnych spacerowiczów o zrobienie fotografii.

– Za milion złotych nie wszedłbym do wody dzisiaj, ale panie są za szczupłe na morsów – obwieścił pan.

Woda była naprawdę niesamowita. Przede wszystkim sama była aktywna, pełniła rolę dobrej gospodyni zapraszającej gości do domu. Zanurzyłyśmy się trzynaście razy i gdy wychodziłyśmy...

Nie! Nie mogłyśmy wyjść, zawróciłyśmy aby znów się zanurzyć. Miałam czapkę i rękawiczki, więc zakryłam swoje karminowe paznokcie i rude włosy. W wodzie zupełnie zapomniałam o codzienności. Dlaczego nie robiłam piruetów? Następnym razem zrobię. I na brzeg.

Szybko ubierałyśmy się, wokół nas ani żywej duszy.

– Ubierz buty! – pośpiesza mnie Eliza.

Ubierałam wszystkie części garderoby najszybciej jak mogłam. Nie umiałam okiełznać entuzjazmu i wszechogarniającej radości. Coś mówiłam, to śmiałam się, w międzyczasie zakładałam bluzę i buty. Jeszcze jedno zdjęcie, Zabrałyśmy swoje rzeczy, spojrzałyśmy na morze i w drogę do domu.

Trudno było odejść, najchętniej zostałabym na plaży do końca dnia. To nic, że jest grudzień.

Printed by Books on Demand GmbH, Norderstedt / Germany